JEAN MILANDOU MBEMBA

LES CLES DES CIEUX

JEAN MILANDOU MBEMBA

LES CLES DES CIEUX

Éditions Croix du Salut

Imprint

Any brand names and product names mentioned in this book are subject to trademark, brand or patent protection and are trademarks or registered trademarks of their respective holders. The use of brand names, product names, common names, trade names, product descriptions etc. even without a particular marking in this work is in no way to be construed to mean that such names may be regarded as unrestricted in respect of trademark and brand protection legislation and could thus be used by anyone.

Cover image: www.ingimage.com

Publisher:
Éditions Croix du Salut
is a trademark of
Dodo Books Indian Ocean Ltd. and OmniScriptum S.R.L publishing group

120 High Road, East Finchley, London, N2 9ED, United Kingdom
Str. Armeneasca 28/1, office 1, Chisinau MD-2012, Republic of Moldova, Europe
Printed at: see last page
ISBN: 978-620-6-17010-5

Jean M. MBEMBA

LES CLES DES CIEUX

<u>**Remerciements**</u>

A MBEMBA Alphonse, KOUTALOU Joséphine et toute la famille MBEMBA,

A BISSIDI Honorine, MAYELA Daniel, KIBOZI Rombaut et ZOLA Pharaile,

Au colonel LOUNAMA Edouard, à son épouse FILANKEMBO Virginie et famille,

Pour votre assistance multiforme.

A tous les auteurs dont les citations sont publiées dans cet ouvrage, pour votre précieuse collaboration.

A l'Editeur, pour avoir concrétisé la publication de cet ouvrage.

« HEUREUX CEUX QUI ONT LE CŒUR PUR, CAR ILS VERRONT DIEU »
(Matthieu 5 :8).

INTRODUCTION

« Si vous êtes un chercheur de vérité sincère, vous êtes conscient que quelque chose vous pousse constamment hors du nid. Vous savez que les réponses que vous cherchez existent quelque part dans le monde. La force intérieure qui vous incite à trouver ces réponses est un élan que vous ne pouvez refréner.

C'est l'appel de l'Âme. »

Ces mots de la Sagesse Spirituelle écrits par HAROLD KLEMP, Maître Eck, témoignent de la réalité pratique de l'Homme aux prises avec la vie.

Les différentes épreuves pénibles et douloureuses auxquelles j'ai été confronté m'ont poussé à me poser des questions : Pourquoi je souffre ? Qui suis-je ? Qu'est-ce que je fais sur cette terre ? Pourquoi je vis ? La vie vaut-elle d'être vécue ? Quel est le sens de la vie ? Pourquoi souffrir si Dieu nous aime et nous aide ? Que dois-je faire pour vivre heureux ?

Ces questions m'ont obligé à rechercher des réponses valables, des solutions efficaces, pour comprendre la vie, me comprendre et connaître la vérité sur Dieu.

Issu d'une famille chrétienne, le lieu privilégié pour trouver des réponses et la solution était l'église. Malheureusement, arrivé à un certain niveau, je ne trouvais plus les réponses convenables à mes questions. « Il faut prier seulement ; beaucoup prier, et Dieu agira un jour », disent les pasteurs.

Croire sans comprendre ! La foi inébranlable, dans ces conditions, n'était pas au rendez-vous. Croire sans comprendre, c'est vivre uniquement en suivant aveuglement l'opinion des autres, aliénant ma propre conscience. Si on me dit de croire sans comprendre, qu'est-ce que je fais alors de ma conscience, de l'Esprit saint en moi ? Et si la croyance qui m'est proposée est contraire à la vérité ? La lutte constante entre la croyance venant de l'extérieur et ma propre conscience entraine une dissociation de la personnalité.

La foi ! Comment avoir la foi, cette foi qui fait des miracles ? Aucun pasteur ne vous en donne le canevas. Ces pasteurs ont-ils, eux-mêmes, la foi ? On confond souvent croyance, superstition, naïveté et foi. Quand viennent les douloureuses épreuves, même les pasteurs ne comprennent plus le silence et l'inaction de Dieu ; et tous se plaignent. Ces pasteurs ont-ils, eux-mêmes, la foi ? Sont-ils des modèles de vie ? Modèles dans leur manière d'être, de vivre et d'agir ? Sont-ils le sel et la lumière du monde ? La prédication de « faites seulement ce que je vous dis de faire, mais ne faites pas ce que je fais » est un échec, une démission. Car le pasteur est celui qui ouvre la voie que suivent les brebis.

L'Homme a besoin de comprendre pour mieux croire, croire fermement et efficacement. La foi aveugle, sans base solide, est vouée à l'échec. Cette foi aveugle ressemble à un château bâti sur du sable, et qui s'écroule à cause de la tempête (Luc 6 :47-49).

La quête de la vérité et de la solution m'a amené à chercher ailleurs, hors de l'Eglise. Dans ma quête, j'ai été amené à fréquenter des personnes de divers horizons et de croyances différentes ? J'ai été obligé de faire diverses expériences souvent pénibles et douloureuses. J'ai fait confiance à des personnes qui promettent vous aider. Malheureusement, j'ai rencontré beaucoup de déception, d'escroquerie et de superstition. Enfin, il fallait corriger le tir, être prudent, exiger des preuves, adopter une logique scientifique. Dieu entre aussi dans la logique scientifique.

Je sais que je ne suis pas le seul à être confronté aux épreuves et à se poser des tas de questions. J'ai rencontré beaucoup de personnes, certaines plus accablées, désorientées ; d'autres découragées, ayant perdu tout espoir d'une vie meilleure et paisible sur terre.

Ma prière secrète, mon désir, ma recherche étaient profonds, intenses, ardents et surtout sincères. Toutes mes épreuves et expériences m'ont conduit à comprendre ce que j'écris, en guise de mémoire et pour le partager avec ceux qui cherchent.

Beaucoup de pasteurs, guides et croyants qui ont lu ou étudié les Textes sacrés, la Torah, les Vedas, la Bhagavad-Gita, le Coran, le Ta-Tö-King, la Bible, n'ont pas compris les enseignements que contiennent ces Textes. Dieu, qui est le dénominateur commun à tous les hommes et toutes les femmes, est malheureusement la cause de division des religions, des hommes et des femmes qu'Il appelle à l'Amour. Des religions s'affrontent, se font la guerre, au nom du Dieu d'Amour. C'est absurde ! Comme il est triste de voir des croyants prier, armes à portée de main, prêts à aller tuer des hommes et des femmes qui sont leurs frères et leurs sœurs. Certains groupes religieux se croient des enfants plus légitimes de Dieu que d'autres.

Au sein d'une même religion, des pasteurs ne s'entendent pas sur l'interprétation de la Parole Divine. Comment est-ce possible si tous ces pasteurs sont guidés par le même Esprit Saint ? Comment comprendre les erreurs et les crimes commis par la religion au cours de l'Histoire ? La religion qui a condamné certains hommes de sciences qui ont révélé certaines vérités, était-elle sous la direction de l'Esprit Saint ? Dieu est-Il parfois ignorant ?

La religion entretient l'ignorance et l'obscurantisme. Les pasteurs, qui n'ont pas compris le symbolisme des Textes sacrés, continuent à faire croire à leurs fidèles que le couple unique Adam et Eve a bel et bien vécu ; et le jardin d'Eden a existé quelque part sur terre. D'autres cherchent encore l'emplacement qu'occupait le fameux site du jardin d'Eden. Ces pasteurs et guides n'ont pas compris que le récit de la Genèse est une allégorie, un mythe, une parabole, une fable, qui renferme un message bien précis. Les pasteurs continuent à proclamer que les hommes et les femmes contemporains subissent la punition du péché qu'avaient commis les ancêtres Adam et Eve. Est-il raisonnable que le Dieu d'Amour et de justice condamne des innocents ? Pouvez-vous faire cela à vos enfants que vous aimez beaucoup ? Les pasteurs clament haut et fort que les maladies et les conflits armés sont l'œuvre de Satan, et le monde est gouverné par Satan. N'est-ce pas là une fuite de responsabilité de l'Homme ? N'a-t-il pas été dit : « Résistez au diable et il fuira loin de vous » (Jacques 4 :7) ? La Parole avait décrété : « Je vous ai donné le pouvoir de marcher sur les serpents et les scorpions et d'écraser toute la puissance de l'ennemi, et rien ne pourra vous faire du mal » (Luc 10 :19). Qu'est-ce que les pasteurs font de ces vérités ?

La religion a entretenu l'inégalité entre l'homme et la femme. L'Esprit dans la femme est-il inférieur à l'Esprit dans l'homme ? L'Esprit Saint dans la femme est-il inférieur à l'Esprit Saint dans l'homme ?

La religion continue d'effrayer les fidèles en leur disant, par exemple, que la télépathie est démoniaque. Dieu Omniscient, le plus savant et scientifique de l'Univers, le Grand Architecte, le Créateur de toutes choses visibles et invisibles, de tous les phénomènes visibles et invisibles à l'Homme, ne comprend-Il pas les perceptions extrasensorielles(ESP) ? Les scientifiques qui ont étudié la télépathie reconnaissent et certifient que la télépathie est un phénomène naturel et scientifique. Pourtant tout le monde est télépathe, sans le savoir. C'est une faculté naturelle et innée à toute personne, mais plus ou moins développée chez chacun. J'ai rencontré, au cours de mes expériences, des personnes capables de communiquer avec les animaux et les plantes. Ce n'est que normal !

La religion est un ensemble de croyances et de pratiques propres à un groupe de personnes. Ces croyances et pratiques sont plus ou moins raisonnables, plus ou moins conformes à la vérité. La religion, étant le fruit de l'intelligence humaine, doit évoluer avec l'évolution de la conscience pour saisir la vérité. La Sagesse Divine, la Science Divine, demeure la même, seule la conscience humaine avance à tâtons.

Dieu est le Père de la Science. Tous les textes sacrés doivent être abordés et étudiés avec un esprit scientifique, en dehors de tout fanatisme religieux.

La prière ne consiste pas à une simple pétition, à une multiplication des vaines paroles, à des vœux pieux. La véritable prière est une manière d'être, de vivre et d'agir dans ce monde réel, conforme à la Volonté Divine.

Prier, c'est vivre et agir en harmonie avec les lois de la Nature.

La prière pour la paix ne consiste pas à dire des prières pour la paix, mais d'éduquer, de former les fidèles à développer des comportements, et à poser des actes, en faveur de la paix ; à devenir des artisans de la paix.

La prière pour un monde meilleur ne consiste pas à lire des prières en vue d'un monde meilleur, pendant que beaucoup de fidèles sont analphabètes, illettrés, sans emploi. Il faut plutôt alphabétiser et instruire les fidèles, les sortir de l'ignorance. Il faut former les fidèles à devenir des ouvriers qualifiés, des maîtres d'arts, des agriculteurs et des éleveurs expérimentés. Il faut initier les fidèles à la création des emplois, des unités de production.

Au lieu de faire croire aux fidèles qu'ils sont victimes des attaques du diable, il vaut mieux leur apprendre comment protéger et améliorer leur santé en respectant les règles d'hygiène (physique, mentale et spirituelle), et une bonne alimentation.

Il faut apprendre aux fidèles pourquoi et comment sauvegarder et protéger l'environnement, les écosystèmes, la Nature, pour le bien-être de tous.

Il faut initier les fidèles à la maîtrise de soi, à vaincre les facteurs de stress (le doute, la peur, l'angoisse, la vexation, le complexe, la pensée négative…).

Il ne s'agit pas de dire aux fidèles d'avoir la foi, mais leur montrer comment parvenir à cette foi. Car vous ne pouvez pas former des virtuoses en violon par des théories, mêmes les plus élaborées, sans pratique démontrée par des exercices.

La religion doit être scientifique, puisque Dieu est le Père de la Science. Eliphas Lévi nous fait remarquer que « Toute foi qui n'éclaire pas et n'agrandit pas la raison, tout dogme qui nie la vie de l'intelligence et la spontanéité du libre arbitre, constituent une superstition ; la vraie religion est celle qui se prouve par l'intelligence et se justifie par la raison, tout en les soumettant à une obéissance nécessaire. »

J'avais demandé à un prêtre de m'apprendre à méditer. Celui-ci me dit, il faut être dans un lieu calme, loin du bruit, pour mieux méditer. En route, **La Voix** me dit : « Ce n'est pas le bruit extérieur qui t'empêche d'entendre **Ma Voix**. C'est plutôt le bruit intérieur, le bruit en toi, l'angoisse, le doute, l'énervement… C'est bien cela le bruit qui t'empêche de M'écouter et de M'entendre. »

Oui mon frère et ma sœur, Dieu parle à toutes les femmes et tous les hommes sans distinction aucune de race, de religion ni de condition sociale. Il parle à chacun selon ses besoins. Il donne la réponse à toutes nos questions. Il donne la solution à tous nos problèmes. Malheureusement, les gens n'écoutent pas à cause de multiples interférences, les soucis quotidiens. C'est pourquoi La Voix dit : « Ce sont vos péchés qui dressent un mur entre vous et Dieu. »

« HEUREUX CEUX QUI ONT LE CŒUR PUR, CAR ILS VERRONT DIEU » (Matthieu 5 :8).

Le cœur pur ! La pureté du cœur ! Voilà une piste à explorer. Comment se purifier pour voir Dieu ? Beaucoup de personnes vous proposent des bains de purification, plusieurs recettes. Est-ce pour nettoyer le corps physique ou purifier le cœur ?

La vérité se trouve quelque part, en Dieu, dans la Nature, en vous. La certitude est que pour trouver la vérité il faut se connecter à la Source de la Vérité.

C'est dans ce contexte d'éducation spirituelle et scientifique que s'inscrit le présent texte. Tout au long de ce texte, j'explique en détails en quoi consiste la pureté du cœur, pourquoi avoir le cœur pur, l'impact des états d'esprit sur la santé et enfin comment parvenir à la pureté du cœur et à la victoire sur le mal.

Dans ce texte, j'emploie souvent le terme Homme. Ce mot écrit avec une majuscule, Homme, désigne l'homme et la femme, les êtres humains ou l'humanité entière. C'est ici le lieu de dire que je ne fais aucune distinction de sexes ni de races. L'homme et la femme sont égaux, en essence. L'homme n'est nullement supérieur à la femme, ni la femme inférieure à l'homme. Cela est aussi vrai pour les races. Race supérieure, race inférieure : ce ne sont là que des complexes humains, et bassesse d'esprit.

Ce texte s'adresse à vous personnellement cher lecteur ou chère lectrice. C'est, pour vous, une réflexion, une recherche, une méditation, une retraite spirituelle individuelle. D'où la justification du pronom personnel « vous ». Car il s'agit de vous personnellement et individuellement, vous qui pratiquez cette retraite, c'est-à-dire vous qui lisez ces lignes.

Ayez le cœur pur, et vous connaîtrez la vérité et la vérité vous rendra libre !

I - LA PURETE DU CŒUR.

« Heureux ceux qui ont le cœur pur, car ils verront Dieu. »
En effet, l'être humain peut tout espérer et tout posséder d'une manière ou d'une autre. Mais, être heureux, le véritable bonheur, la paix intérieure qui dépasse toute intelligence, la parfaite sérénité de l'esprit passe obligatoirement par la pureté du cœur.

Qu'est-ce que la pureté du cœur ?

La pureté du cœur consiste à avoir la conscience positive, irréprochable, pure, transparente et tranquille.
Voici des indications qui vont vous aider à comprendre si vous y êtes.

Pour avoir le cœur pur :
-Ayez toujours des pensées positives quelles que soient les circonstances ;
-Pensez uniquement à ce qui est bon, positif ;
-Bannissez toutes pensées mauvaises, toutes pensées négatives, toute bassesse d'esprit, toute niaiserie ;
-N'acceptez jamais la moindre idée ou croyance négative ;
-Refusez toute idée contraire à l'amour ;
-Ayez une bonne moralité (ne soyez ni orgueilleux, ni vantard, ni arrogant, ni provocateur, ni moqueur, ni hypocrite, ni médisant) ;
-Ayez une conduite basée sur l'Amour et la Justice Divins ;
-Ayez l'esprit sain, soyez positif et optimiste ;
-Gardez l'esprit toujours calme et tranquille quelles que soient les situations ;
-N'ayez peur de rien ni de personne si vous ne vous reprochez de rien ;
-Ayez une bonne opinion de vous-même ;
-Soyez humble : rabaissez-vous et Dieu vous élèvera ;
-Ayez confiance en vous, car vous êtes créé à l'image de Dieu ;
-Ne vous minimisez pas, ne vous sentez pas minable ;
-Soyez honnête, juste et franc ;
-Ne faites pas des promesses (surtout quand vous n'êtes pas sûr(e) de les tenir) ;
-Respectez vos engagements et la parole donnée ;

-Soyez ordonné et organisé (pour éviter tout désordre) ;

-Soyez propre dans votre être, vos pensées, vos actes et dans votre environnement ;

-Soyez patient et persévérant ;

-Ne demeurez pas triste ;

-Soyez fort, endurant et courageux ;

-Ne vous plaignez pas ;

-Ne vous lamentez pas ;

-Ne vous inquiétez de rien ;

-Gardez toujours votre moral haut quelles que soient les situations ;

-Soyez responsable de votre être et de vos actes ;

-N'accusez ni Dieu, ni les autres ni Satan pour vos malheurs ;

-Ayez le goût du travail bien fait ;

-Recherchez ce qui est bon, beau, pur, doux, parfait ;

-Bannissez les mauvaises paroles, les paroles qui blessent (médisance, commérage, calomnie, insulte, injure, moquerie, chansons obscènes…) ;

-Ne gardez pas dans votre mémoire ce qui est mauvais, négatif, souvenirs pénibles ;

-Regardez le bon côté de la vie ;

-Aimez-vous vous-même ;

-Respectez-vous vous-même (bonne tenue, bonne conduite, pas de querelle, pas de scandale…) ;

-Respectez la vie dans sa diversité ;

-Aimez et respectez la Nature ;

-Prenez soin de la Nature ;

-Soyez attentif aux choses simples ;

-Soignez les détails de ce que vous faites ;

-Aimez les autres ;

-Respectez la vie et la personne physiques d'autrui ;

-Respectez la vie privée d'autrui ;

-Respectez la liberté d'autrui ;

-Respectez les droits d'autrui ;

-Respectez les biens d'autrui ;

-Respectez toutes personnes sans distinction aucune de sexe, de race ni de condition sociale ;

-Ne portez pas atteinte à la vie d'autrui ;

-N'ayez jamais l'intention de faire du mal à autrui ;

-N'ayez jamais l'intention de faire souffrir autrui, de bloquer l'évolution d'autrui, ni de vouloir empêcher le bonheur d'autrui ;

-Ne tuez pas ;

-N'enviez rien ni personne ;

-Ne soyez pas jaloux du bonheur ni de la réussite d'autrui ;

-Agissez toujours dans l'intention de faire du bien à autrui ;

 -Ayez toujours l'intention de rendre service autour de vous ;

-Travaillez pour améliorer les conditions de votre vie et de la vie des autres ;

-Respectez les biens publics ;

-Respectez les lois positives d'intérêt public ;

-Soyez reconnaissant envers les autres, la société, la Nature ;

-Payez vos dettes ;

-Acquittez-vous de vos obligations ;

-Sachez reconnaître sincèrement vos fautes, tout en les réparant ou les corrigeant ;

-Gérez les richesses de la Nature pour le bien de tous, d'un cœur pur, sans attachement, sans égoïsme ni cupidité ;

-Soyez bon à l'image de Dieu, sans vous comparer aux autres ;

-Restez, en toutes circonstances, parfaitement maître de vous-même, de vos pensées, paroles, sentiments, émotions, gestes et actions ;

-Aimez vos adversaires, vos ennemis…

Après avoir pris connaissance des consignes sur la pureté du cœur, où en êtes-vous ? Avez-vous le cœur pur ? Faites un examen de conscience.

POURQUOI AVOIR LE CŒUR PUR

Foi et connaissance.

En observant la Nature et les divers phénomènes qu'on y trouve, on est frappé d'étonnement quant à leur complexité. En étudiant sérieusement et systématiquement ces phénomènes, on se rend compte que le monde, les différents phénomènes du cosmos, la complexité biologique des êtres vivants ne sont pas un produit du hasard. La sélection naturelle, la gravitation, l'électromagnétisme prouvent que la vie est une conception intelligente. Tout le spectacle universel a été conçu par un Être dont l'intelligence est supérieure et infinie. Peu importe comment chacun l'appelle.

De la cellule vivante à l'Homme, en passant par le minéral, le végétal et l'animal, on constate que cet Être qui a conçu la vie est supérieur à toute manifestation, supérieur à l'Homme. Cet Être est au-delà du règne hominien. Aussi pense-t-on au règne divin.

La cause première de la vie est une divinité, mais pas la moindre. Appelons cet Être, si vous me permettez, le « Divin Initiateur de l'Existence et de l'Univers » (DIEU).

Le Divin Initiateur, DIEU, dans son expression s'est manifesté sous la forme de l'Energie Universelle ; Energie en perpétuel mouvement dont les vibrations vont de moins l'infini à plus l'infini. Cette Energie vibre à l'infini. En se condensant, Elle donne naissance à la matière. Ainsi, il est dit : **« Au commencement était la Parole (l'Energie) et la Parole était avec Dieu, et la Parole était Dieu. La Parole était au commencement avec Dieu. Toutes choses ont été faites par Elle, et rien de ce qui a été fait n'a été fait sans Elle. En Elle était la vie, et la vie était la lumière des hommes… Et la Parole s'est faite chair »** (Jean 1 :1-4+14).

Et « Dieu créa l'Homme - les êtres humains- à son image » (Genèse 2 :27).

A chaque fréquence vibratoire de l'Energie correspond un corps, une forme de la matière. C'est là la relation révélée par Albert Einstein, entre l'Energie et la matière : $E=mc^2$.

Dieu a codifié sa connaissance, Sa Science, à travers des mystères ou symboles dont le premier est la Loi fondamentale telle qu'écrite par Einstein. Voilà pourquoi Dieu s'appelle : YOD- HEH –VAW –HEH, (YHWH) :

> **Je suis celui qui est… ;**
> **Je suis ce que je suis… ;**
> **Je suis ce qui est… ;**
> **Je suis….**

Revenons à présent à la pureté du cœur.

Il a été dit que **« Dieu créa l'Homme- les êtres humains- à son image. Il les créa homme et femme »** (Genèse 2 :26,27). Ce texte révèle bien que **« vous êtes créé à l'image de Dieu. »** Vous êtes l'image de Dieu sain, intelligent, fort, puissant, pur, etc.… En tant que « image de Dieu » vous devez être à la hauteur de votre rang, de votre dignité, méritant…

Mérite ?

Oui, il s'agit bien de mérite.

Pour voir Dieu il faut le mériter : ne peut voir Dieu que celui qui a le cœur pur.

Pouvez-vous imaginer un professeur de mathématiques incapable d'effectuer une addition à deux chiffres ?

Pouvez-vous accorder du crédit à un écrivain, prix Nobel de littérature, incapable de construire une phrase simple ?

Pouvez-vous faire confiance à un docteur en médecine ignorant les différents groupes sanguins des êtres humains ?

La réponse à ces questions nous amène à conclure qu'un prix, un titre, un statut, un état se méritent par la preuve de certaines dispositions. **Le hasard n'existe pas.**

La Loi fondamentale, qui est la première Loi Divine, est une loi de mérite, loi de sélection naturelle, loi d'évolution, loi de justice, loi de correspondance, loi de compensation, loi d'Amour, loi des vibrations…

Sur l'échelle des fréquences vibratoires, la pureté a une longueur d'ondes qui lui correspond. La fréquence vibratoire de la pureté est différente de celle de l'impureté, du désordre. La pureté se manifeste à travers l'Amour, la bonté, le non-attachement, l'altruisme, le respect, la douceur, l'humilité, l'honnêteté, …

La pureté du cœur est un état d'âme, un état de conscience, un niveau de conscience, une fréquence vibratoire, un état d'esprit. Cette fréquence vibratoire, cet état d'âme, peut être modifiée, changée à volonté. Et cela dépend de vous, de votre volonté.

Notez bien que vous êtes créé à l'image de Dieu. Vous avez la capacité d'être sain, saint et pur. A vous donc de choisir entre le bien et le mal, la pureté et l'impureté, le bonheur et le malheur. Chaque jour, vous avez des choix à faire. Lorsque vous voulez suivre la télé ou la radio, vous faites le choix des chaînes, des programmes ou d'émissions qui vous intéressent. Lorsque vous allez faire des achats d'aliments, des vêtements et d'autres articles, vous faites des choix. Mais, qu'en est-il des idées, des pensées, sentiments, émotions et croyances que vous entretenez en vous ?

Pour changer votre état d'âme, il faut le vouloir.

Vous devez bien comprendre ce secret : **« vous êtes créé à l'image de Dieu. »** Cela signifie quoi, en réalité ? Vous avez la capacité d'être ce que vous voulez, en y mettant votre volonté. La volonté ? Vous en avez !

La Sagesse a exprimé le secret sous différentes formes :

« Il vous sera fait selon votre foi. »

« Tout est possible à celui qui croit » (Marc 9 :23).

« Chacun récolte ce qu'il sème. »

« Ne portez de jugement contre personne et Dieu ne vous jugera pas non plus » (Luc 6 :37).

« Ne condamnez pas les autres et Dieu ne vous condamnera pas. »

« Pardonnez aux autres et Dieu vous pardonnera » (Matthieu 7 :14).

« Faites pour les autres tout ce que vous voulez qu'ils fassent pour vous » (Matthieu 7 :12).

« Un bon arbre ne produit pas de mauvais fruits, ni un arbre malade de bons fruits. Chaque arbre se reconnaît à ses fruits » (Luc 6 :43-45).

Vouloir c'est pouvoir.

« Vous êtes créé à l'image de Dieu », c'est-à-dire que vous êtes ce que vous pensez et faites.

Deux personnes pensent construire, chacune, une maison. La première personne construit une petite maison ; la deuxième personne construit une grande maison. Pourquoi la première personne a-t-elle une petite maison, alors que la deuxième a une grande maison ? La réponse est simple. La première personne a pensé à une petite maison, et l'a construite ; tandis que la deuxième personne a pensé à une grande maison et l'a concrétisée. **Vous êtes ce que vous pensez et faites, et vous récoltez ce que vous semez (Galates 6 :7).**

Ce que vous voulez, vous le pouvez si vous le voulez réellement.

Vouloir c'est être déterminé à être, déterminé à faire, déterminé à obtenir. Lorsque je veux vraiment aller à une réunion, je prends des dispositions, et je me mets en route pour la réunion. La volonté n'est pas un simple souhait ou un vœu pieux. Vouloir c'est agir, c'est faire des efforts pour atteindre le but visé.

Voulez-vous savoir cuisiner ? Apprenez donc à cuisiner auprès d'une personne qui sait le faire.

Voulez-vous savoir lire ? Apprenez donc à lire. Contactez un enseignant pour vous apprendre à lire.

Voulez-vous avoir le cœur pur ? Apprenez donc en quoi consiste la pureté du cœur, et mettez les conseils y relatifs en pratique.

Voulez-vous être un karatéka ? Allez chercher un maître, et appliquez-vous.

« Vous êtes créé à l'image de Dieu. »

 La création est un processus, une démarche, une entreprise. La création sous-entend une conception, une exécution, des efforts et un suivi.

« Vous êtes créé à l'image de Dieu. » Vous êtes ce que vous pensez et faites.

A quoi pensez-vous ? Quel est l'état de vos pensées ? Quelle est la nature ou la qualité de vos pensées, émotions et croyances ?

« Chaque arbre se reconnaît à ses fruits : on ne cueille pas des figues sur des buissons d'épines et l'on ne récolte pas du raisin sur des ronces. L'homme bon tire du bien du bon trésor que contient son cœur ; l'homme mauvais tire du mal de son mauvais trésor. Car la bouche de chacun exprime ce dont son cœur est plein » (Luc 6 :44,45).

Si vous voulez avoir le cœur pur :

-Ayez toujours des pensées positives quelles que soient les circonstances ;

-Bannissez toutes mauvaises pensées, toutes pensées négatives, toute bassesse d'esprit ;

-Agissez toujours dans l'intention de faire du bien aux autres, etc.....

Votre médecin traitant vous dit que, d'après les examens médicaux, vous souffrez du diabète sucré, et par conséquent vous ne devez plus consommer du sucre ordinaire et certains aliments contenant trop de sucre. Quelle va être votre conduite ? Si vous êtes sérieux et si vous tenez à votre santé, vous allez suivre les conseils de votre médecin. Au cas contraire, vous aggraverez votre situation.

L'Homme et la Sagesse Divine.

Toute personne sérieuse, ne souffrant d'aucun déséquilibre mental ni d'aucun trouble de la personnalité, ne prend aucun médicament sans avis d'un médecin ou d'un pharmacien ou sans au préalable lire attentivement la notice du médicament.

Pour tirer profit de vos différents appareils électroniques ou électroménagers, vous êtes obligé de respecter les indications ou les conseils de leurs fabricants.

Si le constructeur de votre véhicule vous informe que le véhicule qu'il vous vend fonctionne avec du gas-oil, allez-vous utiliser du super ou du fioul à la place du gas-oil ?

Si le fabricant écrit sur votre appareil : 6 volts ; allez-vous brancher cet appareil sur une prise de 220 volts ?

Lorsque la Sagesse Divine déclare que « le flambeau de la vie est entretenu par le feu de l'Amour », pourquoi voulez-vous entretenir la vie avec la fournaise de la haine ?

Si pour avoir le cœur pur il faut obligatoirement avoir des pensées positives quelles que soient les circonstances, pourquoi préférez-vous entretenir des pensées négatives, des mauvaises pensées dans votre cœur ?

Si pour voir Dieu il faut avoir le cœur pur, est-il possible de Le voir avec un cœur sale ?

Si pour entrer dans le Royaume de Dieu il faut entrer par « la porte étroite » (Luc 13 :24), croyez-vous pouvoir corrompre Dieu et passer par la fenêtre

?

Pour être l'image de Dieu, l'Homme doit se conformer aux lois et recommandations divines. Car, le Créateur connaît mieux l'Homme. L'Homme est souvent étranger à lui-même ; il ne se connaît pas à cent pour cent. La Sagesse déclare : « Ne vous inquiétez de rien car Dieu sait ce dont vous avez besoin. Qui d'entre vous parvient à prolonger un peu la durée de sa vie par le souci qu'il se fait ? ...Préoccupez-vous plutôt du Royaume de Dieu et de la vie juste qu'Il demande et Dieu vous accordera aussi le reste » (Matthieu 6 :25-34).

Principe de causalité (actions et réactions).

Dieu est Amour. Il est juste. C'est le Dieu de la Justice impartiale. Il ne fait point de favoritisme (Actes 10 :34). Il donne à chacun selon ses œuvres (Révélation 22 :12).

« En effet, si vous pardonnez aux autres le mal qu'ils vous ont fait, votre Père qui est au ciel vous pardonnera aussi. Mais si vous ne pardonnez pas aux

autres, votre Père ne vous pardonnera pas non plus le mal que vous avez fait » (Matthieu 6 :14,15).

Si vous aidez les autres, vous aussi, à votre tour, vous serez aidé. Si vous assistez les autres dans les circonstances de la vie (maladie, hospitalisation, décès, famine, prison…), vous serez aussi assisté (Matthieu 25 :31-46). Ce sont là des situations de la vie quotidienne. Chacun reçoit d'après ce qu'il donne aux autres (Matthieu 7 :2).

Les événements qui arrivent dans votre vie sont le résultat de ce que vous faites, dites, pensez, croyez, ressentez, de ce que vous êtes réellement.

Un écolier qui étudie régulièrement ses leçons et fait bien ses devoirs est récompensé par l'acquisition de la connaissance et l'obtention d'un diplôme. Par contre, un écolier paresseux qui ne veut pas étudier et ne connaît pas ses leçons obtient l'échec. Ce n'est que justice ! Chacun récolte ce qu'il sème. Là se trouve **la responsabilité de chacun dans sa vie.**

Lorsqu'une personne entretient dans son cœur de mauvaises pensées, des sentiments négatifs, elle attire, qu'elle le veuille ou non, des négativités, des impuretés de tous genres. Si, par contre, vous êtes bon, c'est-à-dire vous avez des bonnes pensées positives et des sentiments nobles au fond de votre cœur ; si vous ne mijotez pas la méchanceté, la cruauté, l'injustice, la haine ; si vous n'avez pas l'intention de faire du mal à autrui, vous attirez à vous le bien et les bonnes faveurs dans votre vie.

Le bien attire le bien, et repousse le mal.

L'argent appelle l'argent.

La bonté produit la joie, la sympathie, l'amour, la solidarité…

Le mal attire le mal, et repousse le bien.

La violence produit la haine, le mépris, la révolte, l'agressivité, la méchanceté…

Pour que personne ne triche devant la Justice Divine, Dieu avait mis en chaque être vivant une sorte de boîte noire qui enregistre tout ce que l'être vivant fait, pense et ressent. **Les actes, les paroles, les sentiments, les émotions et les pensées forment ce qu'on appelle les vibrations, ou encore ils sont**

l'expression des vibrations de l'être. Ainsi, chaque être vivant renferme des vibrations, ou encore chaque être vivant est formé des vibrations. Et toutes les vibrations de chacun sont enregistrées ou emmagasinées dans sa boîte noire appelée Subconscient.

Lorsque vos actes, paroles, sentiments, émotions et pensées sont bons, c'est-à-dire s'ils expriment l'amour, la bonté, la justice, l'honnêteté, la pureté, la douceur, l'ordre, l'optimisme, la joie, … on dit que vos **vibrations** sont **positives.**

Lorsque vos actes, paroles, sentiments, émotions et pensées sont mauvais, c'est-à-dire s'ils expriment la haine, la jalousie, la médisance, l'hypocrisie, la calomnie, l'injustice, la peur, le pessimisme, la cruauté, la méchanceté, le fatalisme, l'égoïsme, l'orgueil, l'angoisse… on dit que vos **vibrations** sont **négatives** (Matthieu 12 :33-37).

C'est grâce aux vibrations que la Justice naturelle et Divine s'exécute. Ainsi :

-Les vibrations positives attirent tout ce qui est positif et bon, comme l'aimant attire le fer ;

-Les vibrations négatives attirent ce qui est négatif et mauvais ;

-Les vibrations positives repoussent les vibrations négatives, réciproquement.

La violence repousse la douceur, la tendresse, la sympathie…

Les vibrations positives ne se mélangent pas avec les vibrations négatives. Elles sont comme l'eau et l'huile. Personne ne peut tricher. Celui qui fait le mal est chargé de vibrations négatives et ne peut échapper aux mauvaises conséquences de ses vibrations négatives. Ces conséquences se traduisent par divers événements malheureux ou douloureux de la vie (accident, maladie, handicap, malchance…) On voit certaines personnes, aussi puissantes soient-elles, les hommes politiques, par exemple, être toujours rattrapées par la Justice Divine.

On peut être très riche et ne pas guérir de sa maladie, malgré les bons soins des meilleurs médecins. On peut avoir beaucoup d'argent et manquer de paix intérieure. Beaucoup de personnes riches, ayant tout le matériel nécessaire, se sentent angoissées, déprimées. Elles sont obligées de prendre des drogues, des somnifères, des antidépresseurs. Les hommes d'églises n'échappent pas à cette loi (Matthieu 7 :21-23).

Les personnes qui sont animées de bonnes intentions et pensées, de bons sentiments (amour, bonté, pureté, justice, honnêteté, …) et qui font le bien, sont chargées de vibrations positives et jouissent des conséquences positives (les bénédictions) de leurs vibrations, et bénéficient de la paix intérieure, quelles que soient les circonstances.

Etant donné que vos vibrations, vos pensées, sentiments, émotions et actes, constituent l'aimant qui attire les événements extérieurs et intérieurs de votre vie, il est nécessaire de veiller à l'état de votre cœur, à la pureté de votre cœur.

Les Esprits aussi subissent la même loi des vibrations. Ainsi, les Esprits sont classés par catégories grâce aux vibrations. Tous les Esprits n'ont pas les mêmes vibrations ni la même pureté. Voilà pourquoi il y a des Esprits mauvais et des Esprits bons. Si vous êtes chargé positivement, et si vous vous purifiez beaucoup, les Esprits mauvais, les démons, qui sont la manifestation des vibrations négatives, ne peuvent rien contre vous. Il faut encore en être conscient. Vous chasserez les démons (Matthieu 10 :8), car les vibrations positives repoussent les vibrations négatives des Esprits mauvais, comme la lumière repousse l'obscurité. Les esprits aussi sont régis par les Lois divines. Ils obéissent à la Loi d'attraction. La pureté est un véritable paratonnerre contre tout mauvais Esprit. Les mauvais Esprits ne supportent pas les hautes vibrations positives (Luc 4 :41 ; Luc 10 :17-20).

La finalité de l'exorcisme n'est pas « vade retro satanas ! » mais plutôt « Veni Spiritus Sancti ! »

En bas comme en haut.

 Toutes les circonstances qui se produisent dans la vie d'une personne, sur la scène de ce monde, sont exclusivement le reflet de ce que la personne porte dans sa vie intérieure, dans ses pensées et sentiments : **« l'extérieur est le reflet de l'intérieur. »**

Lorsqu'une personne change intérieurement, lorsque toutes ses vibrations changent, sa vie extérieure, les conditions de sa vie changent aussi. C'est là le sens des paroles du Christ lorsqu'Il dit : **« En vérité, en vérité, je te le dis, si un homme ne naît de nouveau, il ne peut pas voir le Royaume de Dieu »** (Jean 3 :3). Il y a là la nécessité de changer l'état de conscience et le comportement. Il faut changer les pensées négatives caractérisées par la haine, la colère, la convoitise, la cupidité, la jalousie, la calomnie, la fourberie, la médisance, le mensonge, l'orgueil, l'arrogance, la peur, l'angoisse, la violence, la malhonnêteté, l'égoïsme, le pessimisme, etc….Changer les pensées négatives en pensées positives basées sur la douceur, l'amour, la bonté, l'altruisme, la franchise, l'honnêteté, la justice, le non-attachement, l'humilité, l'ordre, l'optimisme, etc…..

Les humains se plaignent de tout. Ils accusent la Nature, Satan, les autres, et protestent contre Dieu, quant à leurs malheurs. Ils souffrent, pleurent, crient, veulent changer de vie, veulent sortir de leurs situations pénibles, mais malheureusement ils ne font rien pour changer eux-mêmes. Les humains ne veulent pas se rendre compte que les circonstances extérieures sont causées par leur vie intérieure, par leurs vibrations. **« L'extérieur est le reflet de l'intérieur. » « Ce qui est en bas est le reflet de ce qui est en haut. »**

"Si vous voulez produire un bel écho, ne faites pas attention à l'écho, soignez votre propre voix. "

Si vous voulez changer, de manière fondamentale, certains événements indésirables, il est nécessaire de modifier l'état de vos vibrations.

Vous pouvez changer la nature des événements de votre vie personnelle, de la vie de votre nation ou du monde, si vous vous purifiez sincèrement. Le changement doit commencer par chacun.

Mettez la pureté du cœur au centre de votre vie. Connectez-vous à Dieu grâce à la pureté du cœur. Cette connexion vous ouvrira les portails du Royaume des Cieux, du Royaume Divin. Surtout ne dites pas que c'est difficile d'y arriver. « Tout est possible à celui qui croit. »

Gardez en tête que vous êtes créé à l'image de Dieu. Puisque Dieu est sain, vous qui êtes son image vous pouvez et devez être sain. Soyez-en convaincu.

Soyez déterminé à atteindre la pureté du cœur. Seul le début est difficile. Avec la pratique, et au fil du temps, votre habitude de pureté deviendra votre nature. Il en va de votre vie. Voyez les avantages que vous aurez en ayant le cœur pur. Imaginez la tranquillité d'esprit que vous aurez lorsque vous vous débarrasserez de votre angoisse, de la dépression, le stress, la tristesse…. Vous avez tout à y gagner et rien à perdre. Vous serez heureux. Vous aurez la véritable paix intérieure, la paix du cœur que rien, ni la maladie ni la mort, ne pourra vous enlever.

Augmentez votre taux vibratoire.

Tout dans l'univers est énergie, et toute énergie porte des vibrations. Et les vibrations s'irradient, se propagent.

Tout est vibration dans l'univers puisque tout est expression de l'Energie Universelle. Vous êtes un ensemble de vibrations : vos pensées, vos paroles, vos croyances, vos sentiments, vos émotions, vos actes sont des vibrations. Les sons, les formes, les couleurs, les odeurs, les objets, les êtres vivants, les situations et les événements sont aussi des vibrations.

Vous êtes émetteur et récepteur des vibrations ou des ondes. Vous émettez des vibrations en permanence. En retour, vous recevez des vibrations (situations, événements…) qui correspondent aux vibrations- à la fréquence- que vous émettez. Plus vous avez des pensées positives basées sur l'amour et la joie de vivre, plus vous attirez l'amour, la joie et le bien-être. C'est **le principe de l'attraction : vous attirez à vous et recevez ce qui correspond à vos vibrations. Chacun récolte ce qu'il sème (Galates 6 :7).**

Puisque vos vibrations déterminent votre vie, il est nécessaire de soigner la qualité de vos vibrations. Plus vos vibrations sont positives, plus votre taux vibratoire est élevé, plus votre vie sera meilleure.

Il existe plusieurs manières d'élever votre taux vibratoire.

Pour augmenter votre taux vibratoire voici quelques suggestions :

1. Ayez toujours des pensées positives basées sur l'amour et la joie de vivre ….

2. Pensez uniquement à ce qui est bon, positif, pur, doux et parfait…

3. Aimez-vous et admirez-vous vous-même avec joie et gratitude…

4. Prenez soin de votre corps ; massez-vous ou faites-vous masser…

5. Exprimez votre gratitude à la Nature ou à Dieu pour votre bonne santé, vos qualités et talents, et pour les services reçus…

6. Soyez satisfait d'avoir fait quelque chose de bien (service rendu, réussite obtenue) …

7. Observez et contemplez, chaque jour, la Nature et trouvez-y quelque chose qui vous égaie, qui vous inspire l'amour, la beauté, la bonté, la douceur, la tendresse, la pureté, la perfection, la joie de vivre… et admirez-le avec joie et gratitude…

8. Admirez les personnes, les oiseaux, les animaux, les fleurs, les paysages…

9. Aimez les autres et exprimez votre affection à ceux que vous aimez…

10. Faites des câlins, des caresses ; prenez les personnes que vous aimez dans vos bras avec tendresse et joie. Ceci stimule la production de l'ocytocine.

11. Jouez avec les enfants : parlez, dessinez, chantez et dansez avec eux…

12. Riez ! Côtoyez des amis aimant rire, et riez à haute voix pour stimuler la production d'endorphine…

13. Riez, souriez, sourissez, rigolez pour empêcher le ciel de tomber…

14. Chantez seul ou avec les autres avec joie…

15. Dansez pour exprimer votre joie et votre gratitude à la Nature ou à Dieu.

16. Organisez des rencontres (déjeuner, soirée…) avec des personnes bienveillantes et positives…

17. Evitez les personnes négatives qui râlent et critiquent à tout moment, qui vous fatiguent, qui vous pompent votre énergie… (Psaume 1).

18. Ecoutez la musique. Choisissez une musique que vous aimez, qui vous procure l'amour, la joie, la paix, le dynamisme, l'espoir…Vibrez aux sons de cette musique. Laissez-vous entrainer par les vibrations qu'elle génère. Sentez l'énergie et les frissons parcourir tout votre être. Et pensez à ceux que vous aimez, envoyez-leur vos beaux sentiments d'amour, de joie, de paix…

19. Entourez-vous des jolies couleurs vives et gaies, car elles émettent aussi des vibrations positives…

20. Prenez soin de vos animaux, des oiseaux, des fleurs, des plantes, de la Nature…

21. Contribuez à la beauté de la Nature et au bonheur de l'Humanité…

22. Parlez à la Nature, aux Anges même si vous ne les voyez pas…

23. Méditez : rétablissez votre harmonie avec la Source de la vie…

24. Visitez des lieux à hautes fréquences vibratoires comme les lieux de pèlerinage, les sites touristiques…

25. Marchez ! Marchez dans la nature, sur la plage… Pratiquez la marche rapide.

26. Pratiquez des exercices physiques, la gymnastique, le yoga, le tai chi, la danse. Ceci pour stimuler la production de la dopamine.

27. Faites ce que vous aimez faire, ce qui vous fait vibrer et vous rend heureux…

28. Amusez-vous bien (jeux, concert, cinéma, théâtre, soirée récréative, promenade, baignade, plage…)

29. Prenez du plaisir, car la vie vaut la peine d'être vécue avec amour et joie…

30. Evitez toute idée, pensée ou suggestion négative…

Impact destructeur des suggestions négatives.

« Il était une fois, un âne était chargé de lourds sacs de semailles. Des milliers de kilomètres, l'âne avait cheminé avec ce lourd fardeau. Arriva un Sage paysan qui vit l'âne empêché de monter la pente pourtant faible. Le paysan, par compassion, prit une grande partie du poids sur son dos, mais l'âne ne bougea plus, enchaîné à son passé. Le fardeau de l'âne avait été allégé, mais l'âne en gardait toujours le souvenir, et ce souvenir était plus lourd et terrible que le fardeau lui-même. L'âne continua à croire qu'il portait toujours les lourds sacs de semailles, et n'avança plus vers sa destination. » (Conte adapté d'après un texte de S. M. HAMSANANDA)

Comme dans le cas de cet âne, l'Homme est endormi par des milliers de suggestions négatives et absurdes. On lui a fait avaler des tas de superstitions. On lui a appris à répéter tous les jours qu'il est un pauvre pécheur, à tel point qu'il a oublié qu'il est créé à l'image de Dieu. A force de se croire pécheur, l'Homme a oublié que le Sage a payé la rançon du Salut : **« Vous savez que Jésus Christ est apparu pour enlever les péchés et il n'y a pas de péché en lui. Ainsi, quiconque demeure uni à lui cesse de pécher ; mais celui qui continue à pécher prouve par là qu'il ne l'a pas vu et ne l'a pas connu » (1 Jean 3 :5,6). Et « Nous savons qu'aucun enfant de Dieu ne continue à pécher, car le Fils de Dieu le garde et le Mauvais ne peut rien contre lui » (1Jean 5 :18).**

L'Homme reste toujours en prison alors que le Sage lui a remis les clés de la prison. Hypnotisé, l'Homme est devenu incapable de vivre la sainteté.

Vous devenez ce que vous croyez.

On vous a dit que le monde est un champ de bataille, une vallée des larmes, un territoire livré aux mains du diable, une prison, l'enfer. Et vous continuer à y croire. Pourtant, ce même monde est un atelier, un chantier, un laboratoire, un bloc d'accouchement, un hôpital, une école, un jardin, un monastère, un temple, un palais, un sanctuaire saint.

A force de lui suggérer qu'il est un pauvre pécheur, accoutumé au péché, l'Homme trouve cela normal et naturel d'être pécheur. Hypnotisé, il est devenu incapable de vivre en dehors du péché.

En quoi un enfant qui multiplie échecs sur échecs, qui crée du scandale, peut-il faire la fierté de ses parents ? En quoi un pécheur peut-il être la fierté de Dieu Saint ? **« Celui qui continue à pécher appartient au diable, car le diable a péché dès le commencement. Le Fils de Dieu est apparu précisément pour détruire les œuvres du diable. Quiconque est devenu enfant de Dieu cesse de pécher, car la puissance de vie de Dieu agit en lui ; puisque Dieu est son Père, il ne peut pas continuer à pécher » (1 Jean 3 :8,9). « Oui, je vous le déclare, c'est la vérité : tout homme qui pèche est un esclave du péché » (Jean 8 :34).**

« Ne savez-vous pas que vous êtes le Temple de Dieu, et que l'Esprit de Dieu habite en vous » (1 Corinthiens 3 :16) ? Oui, Dieu est en vous. Malheureusement, vos impuretés vous empêchent de Le voir et d'entendre Sa Voix. En effet, les croyances erronées, les dogmes, les superstitions, les préjugés, les pensées négatives, la colère, la violence, l'animosité, la méchanceté, la cruauté, la haine, la calomnie, l'injustice, l'hypocrisie, la convoitise, la cupidité, l'avarice, l'égoïsme, l'orgueil, le complexe, la peur, les coutumes et traditions négatives, l'ignorance, … vous empêchent de voir Dieu.

Puisque l'Esprit de Dieu ou l'Esprit Saint habite en vous, pourquoi avoir peur du diable ou du sorcier ?

Puisque vous avez l'Esprit Saint, pourquoi n'êtes-vous '' pas digne de recevoir le Seigneur '' ?

Comment pouvez-vous, à la fois, avoir l'Esprit Saint et être pauvre pécheur ?

Puisque vous êtes le Temple de l'Esprit Saint, cessez d'être pauvre pécheur, soyez saint.

Arrêtez donc d'accepter les suggestions négatives qui veulent éteindre, à votre insu, la flamme Divine qui est en vous. Sortez du sommeil hypnotique dans lequel on vous a plongé. Refusez d'être hypnotisé, endormi. Soyez saint comme votre Père Céleste est Saint, car vous êtes créé à l'image de Dieu.

Réforme de l'AVE MARIA

Marie, la Mère de Jésus, était une jeune femme vierge et pure. Cela lui a valu d'être choisie par Dieu pour être l'Immaculée Conception. Sa prière est de voir ceux qui croient en Dieu être saints et purs de cœur.

Si donc vous voulez mettre la pureté dans votre cœur, changez ce qui est négatif en positif. Si vous récitez l'AVE MARIA, dites-le désormais de la manière suivante :

« Je vous salue Marie pleine de grâces,

Le Seigneur est avec vous (Luc 1 :28),

Vous êtes bénie entre toutes les femmes,

Et Jésus le fruit de vos entrailles est béni (Luc 1 :42).

O Marie conçue sans péché,

Priez pour nous qui avons recours à vous (maintenant et à l'heure de notre mort) » Amen (L'Immaculée Conception).

Ou encore

« Je vous salue Marie pleine des grâces,

Le Seigneur est avec vous,

Vous êtes bénie entre toutes les femmes,

Et Jésus le fruit de vos entrailles est béni.

Sainte Marie, Mère de Dieu,

Priez pour nous qui avons recours à vous,

Maintenant et à l'heure de notre mort « Amen.

Supprimez l'autosuggestion négative **« pauvres pécheurs »**. Car, ce n'est pas en demeurant pauvre pécheur que vous allez glorifier le Dieu Saint. « Soyez saints comme votre Père céleste est saint », dit le Seigneur (Matthieu 5 :48).

Si vous aimez la propreté, vous admirez ce qui est propre et pensez à la propreté. Mais, il ne suffit seulement pas d'admirer ce qui est propre, vous devez faire ce qu'il faut pour être propre et vivre dans la propreté. Votre habitude de faire la propreté en vous et autour de vous va devenir une habitude, une nature, votre nature.

Pour créer une habitude, il faut d'abord aimer : aimer être ou aimer faire ce que vous pensez. Ce qu'on aime faire, on le fait et le refait ; on le fait une fois puis on le refait plusieurs fois. Le fait de le refaire plusieurs fois crée en vous une habitude, un réflexe.

Créez l'habitude de penser et faire uniquement ce qui est positif et pur, et vous deviendrez positif et pur.

Heureux le cœur pur.

« Après avoir examiné tout ce qu'Il a créé, Dieu se réjouit : tout est bon, tout est parfait » (Genèse 1 :31).

Malheureusement, l'Homme ne voit qu'imperfection partout, dans les œuvres de Dieu. Arrêtez ! Ne vous plaignez pas. Prenez le temps de bien réfléchir. Purifiez votre cœur ! Puis, écoutez la Voix du Silence.

Ayez le cœur pur, et vous verrez Dieu.

Ayez le cœur pur, et Dieu vous ouvrira les portes de Son Royaume.

Ayez le cœur pur, et vous découvrirez les merveilles cachées dans la Nature.

Ayez le cœur pur, et vous aurez la véritable connaissance.

Ayez le cœur pur, et vous comprendrez le Pourquoi et le Comment des choses.

Ayez le cœur pur, changez votre manière d'être et d'agir, et vous verrez les bienfaits de la Nature.

Ayez le cœur pur, changez votre façon de voir les choses, et vous verrez la beauté du monde.

Ayez le cœur pur, entrez dans la Vision de Dieu, et vous découvrirez la Perfection cachée de l'Univers.

Ayez le cœur pur, et vous connaîtrez la Vérité, et la Vérité vous affranchira.

Ayez le cœur pur, et vous aurez la Paix véritable.

Ayez le cœur pur, et vous serez heureux.

Depuis longtemps, certaines personnes avaient soupçonné l'impact de la pensée, du mental, sur la santé. La confiance en soi, l'amour, la joie, l'optimisme, la bonté, *la* foi en l'avenir et dans le succès ont des effets bénéfiques sur le cœur, produisent le sentiment de bien-être et favorisent une bonne santé. Par contre, les mauvaises pensées, les émotions négatives, les pressions psychiques, la colère, la haine, la peur, la jalousie, l'anxiété, les soucis de tous ordres procurent le sentiment d'inconfort, d'impuissance, de malheur et de souffrance, et perturbent la vie et la santé de l'Homme. On parlait des maladies psychosomatiques. Malheureusement, il était difficile de convaincre le monde que le mental est responsable de certaines maladies psychologiques et organiques. La psychologie, la psychiatrie, la psychanalyse s étaient penchées sur la question sans trop de succès. Il a fallu attendre l'émergence des neurosciences, neuropsychologie, neuroendocrinologie, neuropsychiatrie, neuro-immunologie, psycho-neuro-immunologie, pour avoir les premières preuves scientifiques de la responsabilité du mental sur nos défenses immunitaires. Les recherches scientifiques nous apprennent que le bien-être de l'Homme repose sur différents systèmes qui composent l'organisme humain, à savoir : le système nerveux, le système endocrinien, le système immunitaire et le ''système énergétique''. Ces systèmes sont interdépendants les uns aux autres, d'où l'émergence des branches multidisciplinaires comme la Psycho-neuro- endocrino- immunologie, la Parapsycho-neuro-endocrino-immunologie.

Pour mieux comprendre ce sujet nous allons commencer par un bref aperçu des différents systèmes, puis montrer comment le mental influence l'état de santé de l'Homme.

Bref aperçu.

Du système nerveux.

Le système nerveux est un vaste réseau formé de l'encéphale (le cerveau), des nerfs et des organes. Il régule le mental, coordonne les mouvements musculaires, contrôle le fonctionnement des organes, véhicule les informations sensorielles et motrices vers les effecteurs... Il est divisé en plusieurs parties :

-Le système nerveux central : c'est la partie du système nerveux qui gère les informations, coordonne les mouvements musculaires et le fonctionnement des organes du corps humain. Le cerveau est le centre de commandement du système nerveux, et le siège de la raison ;

-Le système nerveux volontaire (ou somatique) : c'est la partie du système nerveux qui exerce un contrôle conscient et volontaire sur certaines parties du corps, notamment sur les muscles squelettiques. C'est grâce à lui que nous exécutons tous les mouvements volontaires (marcher, sauter, manger, parler…) ;

-Le système nerveux autonome (ou végétatif) : c'est la partie du système nerveux responsable des fonctions non soumises au contrôle volontaire. Il contrôle le cœur, les poumons, l'estomac, les glandes et les vaisseaux sanguins. Il est qualifié d'autonome parce qu'il fonctionne indépendamment de notre volonté afin d'assurer les fonctions vitales (battements du cœur, respiration, digestion, …) qui doivent s'adapter en permanence à tout changement de notre environnement intérieur et extérieur. Pour assurer ses fonctions, le système nerveux autonome travaille 24 heures sur 24, sept jours sur sept et tous les jours de notre vie. Le système nerveux autonome comprend trois (3) composantes ou subdivisions : le système nerveux sympathique, le système nerveux parasympathique et le système nerveux entérique.

-Le système nerveux sympathique (ou orthosympathique ou adrénergique) : c'est la partie du système nerveux qui est responsable du contrôle d'un grand nombre d'activités automatiques de l'organisme, telles que le rythme cardiaque ou la contraction des muscles lisses (cœur, poumons, tube digestif…). L'activation du système nerveux sympathique provoque :

- une augmentation de la fréquence cardiaque ;

- une augmentation de la pression artérielle ;

- un ralentissement des mouvements intestinaux ;

- une stimulation des glandes sudoripares entraînant l'augmentation de la sudation ;

- une stimulation de la libération de glucose par le foie ;

- une augmentation de la sécrétion d'adrénaline et de la noradrénaline par les glandes surrénales ;

- une relaxation de la vessie (dilatation) ;

- une stimulation de l'éjaculation ;

- une dilatation des pupilles, …

Le système nerveux sympathique agit essentiellement grâce à deux substances chimiques (neurotransmetteurs) : l'**adrénaline** et surtout la **noradrénaline.**

-Le système nerveux parasympathique : c'est la deuxième composante du système nerveux autonome qui contrôle les activités involontaires des organes, glandes, vaisseaux sanguins, conjointement avec le système nerveux sympathique. Son activité se manifeste par :

- le ralentissement de la fréquence cardiaque ;

- l'augmentation des sécrétions digestives facilitant la digestion ;

- la défense de l'organisme contre les agents pathogènes ;

- l'augmentation de la sécrétion des larmes, de la salive, du mucus, de l'acide gastrique pour pouvoir détruire et expulser les corps étrangers ;

- l'augmentation des sécrétions intestinales provoquant la diarrhée ; le relâchement des sphincters du transit gastro-intestinal ;

- la contraction de l'iris (myosis), …

Le système nerveux parasympathique agit principalement grâce à une substance chimique (neurotransmetteur) appelée **acétylcholine.**

-Le système nerveux entérique : c'est la troisième composante du système nerveux autonome qui contrôle le système digestif. Il est connecté au système nerveux central via le nerf vague. On l'appelle aussi ''cerveau viscéral'' ou ''deuxième cerveau''. Il est le cerveau original des organismes primitifs unicellulaires.

Du système endocrinien.

Le système endocrinien est composé de l'ensemble des organes (les glandes endocrines) qui possèdent une fonction de sécrétion d'hormones.

Une glande endocrine est un organe constitué des cellules dont la fonction est de sécréter une ou des substances chimiques déterminées, appelées hormones, qui se déversent directement dans le sang.

Les principales glandes endocrines sont : l'épiphyse, l'hypophyse, l'hypothalamus, la thyroïde, les parathyroïdes, le thymus, les surrénales, le pancréas endocrine, les gonades (testicules et ovaires).

-L'épiphyse ou glande pinéale : elle sécrète une substance chimique appelée mélatonine (ou hormone du sommeil). C'est grâce à cette mélatonine que la pinéale joue un rôle dans la régulation des rythmes biologiques (veille/ sommeil).

-L'hypophyse ou glande pituitaire : elle secrète de nombreuses hormones (hormones de croissance) qui régulent la croissance de tous les tissus organiques, dirigent le développement et la fonction de la thyroïde, du cortex surrénal, des gonades…L'hyperactivité de l'hypophyse produit le gigantisme (êtres géants). L'insuffisance de sécrétion par l'hypophyse produit des nains.

-L'hypothalamus : il a plusieurs fonctions. Il intervient dans les processus métaboliques, dans la température du corps, l'appétit, la soif, le développement des caractères sexuels secondaires. L'une des fonctions les plus importantes de l'hypothalamus est de réaliser la liaison entre le système nerveux et le système endocrinien par le biais de la glande pituitaire. C'est le ''cerveau endocrinien''.

-La thyroïde : elle participe dans la croissance et les métabolismes. Elle contribue dans le développement des phanères (les ongles, les cheveux, la peau). Une sécrétion hormonale excessive de la thyroïde provoque l'hyperthyroïdie, et l'insuffisance de sécrétion par la glande thyroïde conduit à l'hypothyroïdie. Les hormones thyroïdiennes sont riches en iode.

-Les parathyroïdes : elles contrôlent le taux de calcium et de phosphore dans l'organisme. Elles sécrètent la parathormone.

-Le thymus : il joue un rôle dans l'immunité de l'organisme par la production d'un type de globules blancs (les lymphocytes T).

-Les surrénales : elles contrôlent l'équilibre de l'eau et des sels minéraux dans l'organisme. Elles jouent un rôle important dans l'adaptation aux situations d'urgence (gestion de stress). Elles sécrètent l'adrénaline, la noradrénaline, le **cortisol**, …

- Le pancréas endocrine : il contrôle le taux de glucose (sucre) dans le sang grâce à la sécrétion de **l'insuline.**

-Les gonades ou glandes sexuelles (testicules, ovaires) : elles contrôlent le développement sexuel et les fonctions de reproduction. Les testicules sécrètent la testostérone, les ovaires sécrètent les œstrogènes.

Du système immunitaire.

C'est le mécanisme de notre organisme qui a pour rôle de le protéger de l'infection par les corps étrangers potentiellement dangereux, grâce aux anticorps. Il a aussi pour fonction de contrôler les anomalies de prolifération des cellules internes. Le système immunitaire procède à la reconnaissance et à l'élimination de toute substance étrangère à l'organisme. Lorsqu'un antigène, c'est-à-dire un élément étranger, est détecté au sein de l'organisme, le système immunitaire s'active pour le neutraliser.

Du système énergétique.

Je désigne par ''système énergétique'' l'ensemble des organes et composantes qui apportent des aliments et de l'énergie à l'organisme humain. C'est un ensemble très complexe qui fait intervenir à la fois le plan physique et le plan métaphysique.

L'interprétation du Réel : origine du bien et du mal.

Deux personnes peuvent regarder un même objet, mais en avoir deux interprétations différentes et parfois contradictoires.

Un fait peut être bénéfique pour une personne, et maléfique pour une autre personne, selon l'interprétation que chacune des personnes lui donne.

Un événement peut être bon pour un individu, et mauvais pour un autre.

Un blâme peut être une humiliation pour une personne impulsive, et un aiguillon à la perfection pour une personne sage.

Une injure peut provoquer la colère et la violence chez une personne vulgaire, et engendrer la compassion chez un maître spirituel.

L'échec à un examen scolaire peut constituer un événement de vie stressant pour un élève, et l'occasion d'une prise de conscience pour un autre.

Le divorce peut être un motif de suicide pour une personne, et une libération et le début d'une nouvelle vie de bonheur pour une autre personne.

Tandis que le commun de mortels considère la mort comme la fin de la vie, l'homme spirituel voit la mort comme le début d'une autre dimension de la vie.

Lorsque votre conjoint sort avec une autre personne, si vous ne savez rien de cette liaison, vous avez une conscience tranquille, même si le fait est vrai et constaté par d'autres personnes. Par contre, si vous soupçonnez votre conjoint de vous tromper avec une autre personne, même si cela n'est pas vrai, mais du moment où votre idée est fixe à votre conscience et votre impression de trahison est très forte en vous, vous en souffrirez.

Les situations ci-dessus vous révèlent que ce ne sont pas forcément les faits et les événements de la vie qui sont la cause de la souffrance psychologique, mais c'est plutôt l'interprétation que vous faites de ces faits et événements qui provoque la souffrance psychologique. C'est la pensée négative que vous vous faites qui crée la tension émotionnelle ou la pression psychique en vous. C'est votre mental qui crée la souffrance psychologique, la pensée négative, la peur, la haine, la colère, la jalousie, la calomnie, la cupidité, etc....

Les événements de la vie n'ont pas les mêmes conséquences sur toutes les personnes. Chacun ne réagit pas de la même façon aux événements. L'interprétation des faits et événements de la vie dépend essentiellement de votre éducation, de votre compréhension de la vie et surtout de la connaissance que vous avez de l'Être. Celui qui a la véritable connaissance, la connaissance de l'Être, la Sagesse Divine, ne s'étonne de rien, ne se lamente pas, ne se plaint de rien, car il comprend et il sait. « Tout est pur pour celui qui est pur, et tout est impur pour celui qui est impur. »

Activité mentale et stress.

L'interprétation des faits et événements de la vie dépend de l'éducation, de la connaissance, de la conscience, de chacun. Toutes les fois que vous concevez et entretenez une mauvaise pensée dans votre conscience, cette mauvaise pensée crée une pression psychique ou une tension émotionnelle en vous. Toutes les fois que vous entretenez une pensée négative dans votre conscience, vous vous sentez tendu ou sous pression. L'émotion est une énergie psychique qui naît de l'interprétation que chacun se fait d'une situation. Et l'émotion agit sur l'organisme à travers le système nerveux autonome. Lorsque vous vous sentez tendu ou sous pression, vous envoyez des informations au système nerveux autonome qui réagit en conséquence. Le système nerveux autonome réagit à tout stimulus qu'il reçoit et y répond.

Le système nerveux central de la biologie correspond à la conscience en psychologie, et le système nerveux autonome correspond au subconscient. Le système nerveux central est régi par la raison, tandis que le système nerveux autonome est activé par l'émotion, la pression psychique et par toute impulsion psychique extrasensorielle (image mentale, impression subjective).

La pensée est une forme d'énergie (énergie psychique). Lorsque vous pensez, vous mobilisez une quantité d'énergie plus ou moins grande. Plus vous vous concentrez sur une pensée, un sentiment, plus l'énergie mobilisée augmente. L'énergie psychique entraîne une tension nerveuse, une pression émotionnelle et une tension musculaire.

Le cerveau, le système nerveux, travaille merveilleusement lorsque le mental est dans un état d'esprit positif et détendu, un état d'apaisement mental fait de joie, de confiance en soi, d'optimisme, d'amour, de pureté, un état de tranquillité de conscience. Dans cet état, l'Homme est en harmonie avec l'Intelligence Infinie qui s'exprime au travers de sa personne. Mais lorsque vous concevez une mauvaise pensée, vous bloquez le flux positif de la vie, vous rompez l'harmonie entre vous et l'Intelligence Infinie, entre vous et la Nature, mais aussi l'harmonie en vous. La rupture d'harmonie en vous-même crée une tension émotionnelle ou pression psychique. Cette pression psychique prend la forme de soucis de tous ordres, inquiétude, incertitude, doute, anxiété, angoisse, manque de confiance en soi, pessimisme, peur, colère, jalousie, surmenage, etc. **Cette pression psychique est aujourd'hui désignée sous le nom générique de "stress", mot venant de l'anglais et signifiant "pression". Le stress est, en effet, la pression psychique que vous ressentez devant une situation qui semble dépasser votre entendement ou vos capacités.**

Lorsque vous êtes anxieux, inquiet au sujet de la santé, l'argent, du couple, l'emploi, l'avenir, la mort, ... vous êtes stressé, vos nerfs sont tendus, et le système nerveux autonome est activé pour pouvoir répondre à la sollicitation. Dans ce cas, l'organisme déclenche des réactions de nature comportementale, nerveuse ou hormonale afin de rétablir l'équilibre (l'homéostasie).

Le système nerveux est constitué des fibres nerveuses qui vont des structures cérébrales aux cellules de tous les organes. Les cellules nerveuses communiquent grâce à des **neurotransmetteurs** et des **neuropeptides**, les glandes endocrines par des **hormones** et le système immunitaire par des **cytokines.**

Il est démontré que les systèmes nerveux, endocrinien et immunitaire communiquent entre eux de façon précise. Cette communication se réalise grâce à la production des médiateurs communs (hormones, neuromédiateurs, neuropeptides, cytokines). L'interaction de ces systèmes influence le système immunitaire et peut entraîner des changements de l'état de santé.

Lorsque l'inquiétude, l'anxiété, la peur, la colère, la jalousie, la haine durent pendant plusieurs semaines, des mois, la pression psychique développe un stress pathologique.

Les symptômes du stress.

The American Institute of Stress (A. I. S) signale **50 signes et symptômes courants du stress** ci-après :«

1. Maux de tête fréquents, mâchoires serrées ou douloureuses
2. Ponçage, meulage des dents
3. Bégaiement ou balbutiement
4. Tremblements des lèvres et des mains
5. Maux de cou, maux de dos, spasmes musculaires
6. Étourdissements, vertiges
7. Sonner, bourdonner ou « éclater des sons »
8. Rougissement fréquent, transpiration
9. Mains et pieds froids ou moites
10. Bouche sèche, difficulté à avaler
11. Rhumes fréquents, infections, plaies herpétiques
12. Eruptions cutanées, démangeaisons, ruches, "chair de poule"
13. «Allergies» fréquentes ou inexpliquées
14. Brûlures d'estomac, maux d'estomac, nausée
15. Excès d'éructations, flatulences
16. Constipation, diarrhée, perte de contrôle
17. Difficulté à respirer, soupirs fréquents
18. Attaques soudaines de panique menaçant la vie
19. Douleur thoracique, palpitations, pouls rapide
20. Urination fréquente
21. Désir ou performance sexuelle diminué
22. Excès d'anxiété, d'inquiétude, de culpabilité, de nervosité
23. Augmentation de la colère, de la frustration, de l'hostilité
24. Dépression, sautes d'humeur fréquentes ou sauvages
25. Augmentation ou diminution de l'appétit

26. Insomnie, cauchemars, rêves troublants

27. Difficulté à se concentrer, pensées de course

28. Problème d'apprentissage de nouvelles informations

29. Oubli, désorganisation, confusion

30. Difficulté à prendre des décisions

31. Sentiment de surcharge ou de dépassement

32. Pleurs fréquents ou pensées suicidaires

33. Sentiments de solitude ou d'inutilité

34. Peu d'intérêt pour l'apparence, la ponctualité

35. Habitudes nerveuses, agitation, tapotement des pieds

36. Augmentation de la frustration, irritabilité, nervosité

37. Une réaction excessive aux petits désagréments

38. Augmentation du nombre d'accidents mineurs

39. Comportement obsessionnel ou compulsif

40. Efficacité de travail ou productivité réduite

41. Mensonges ou excuses pour dissimuler un travail médiocre

42. Discours rapide ou marmonné

43. Défense excessive ou méfiance

44. Problèmes de communication, de partage

45. Retrait social et isolement

46. Fatigue constante, faiblesse, fatigue

47. Utilisation fréquente de médicaments en vente libre

48. Prise ou perte de poids sans régime

49. Augmentation du tabagisme, de la consommation d'alcool ou de drogues

50. Jeu excessif ou achat impulsif. »

Cf. **50 COMMON SIGNS AND SYMPTOMS OF STRESS,** publié par

https://www.stress.org/stress-effects

L'organisme humain : une grande entreprise.

Pour bien comprendre les effets du stress sur la santé, utilisons quelques images.

L'organisme humain ressemble à une grande entreprise avec différents ouvriers travaillant sur divers secteurs d'activités : gardiens, maçons, menuisiers, électriciens, plombiers, agents d'entretien. Tous ces ouvriers travaillent 24 heures sur 24, sept jours sur sept et tous les jours, pour faire fonctionner l'entreprise. Puis arrive un événement qui demande un travail supplémentaire aux ouvriers. Les ouvriers se mettent à l'œuvre, redoublent les efforts pour faire face aux nouvelles exigences. Si cet événement prend plus de temps que prévu, les ouvriers se sentent bientôt surchargés avec le travail supplémentaire de tous les jours. Les efforts supplémentaires prennent des semaines, des mois, et exigent une grande mobilisation d'énergie. Les ouvriers qui fournissent beaucoup d'efforts 24 heures sur 24 et tous les jours, sentent la pression du travail. Au bout du temps, les ouvriers qui travaillent sans repos se sentent fatigués, puis épuisés par des efforts supplémentaires trop intenses et prolongés. Ayant épuisé leurs énergies ils lâchent le travail, et le désordre s'installe. Les gardiens, épuisés, ne contrôlent plus les entrées et les sorties des personnes et des biens. Dans cet état, des personnes entrent au sein de l'entreprise avec des éléments non autorisés (des corps étrangers). Les personnes qui entrent à l'entreprise déposent des déchets partout que les agents d'entretien ne nettoient plus. Bientôt les déchets s'accumulent partout pour former des tas d'immondices nauséabonds. Les ordures empestent l'atmosphère, et on ne peut plus bien respirer, l'air étant pollué. Les tuyaux et canalisations qui ne sont plus nettoyés rouillent et se bouchent.

C'est ainsi que se présente un organisme soumis à une pression psychique ou émotionnelle plus ou moins forte et prolongée dans la durée. Plus la pression perdure, plus elle grandit et s'amplifie. Pour faire face à la pression, l'organisme mobilise toutes ses énergies. Les systèmes nerveux autonome, endocrinien et immunitaire se mettent à fonctionner à plein régime : le système nerveux autonome active l'axe hypothalamo-hypophyso-surrénalien, le système endocrinien libère les hormones et le système immunitaire libère les cytokines.

Effets du stress sur le système immunitaire.

Lorsque votre corps est soumis à un stress intense et prolongé, les fonctions de ravitaillement, d'auto entretien et d'autoréparation subissent quasiment un arrêt. En conséquence votre corps ne peut plus se détendre ni s'auto réparer. Sollicité par le système nerveux, l'hypothalamus active l'hypophyse qui stimule à son tour les glandes surrénales. Les glandes surrénales sécrètent le cortisol. La sécrétion exagérée de cortisol réduit la capacité du corps à réagir efficacement aux infections et accroît au contraire la fragilité face aux maladies.

« Le stress aboutit à une libération de glucocorticoïdes, de Corticotropin-Realising Hormone (CRH) et de cytokines pro-inflammatoires. Dans la dépression, des modifications de la neurotransmission de sérotonine, noradrénaline et dopamine, altèrent les mécanismes de rétrocontrôle qui régulent la réponse du stress. L'hyperactivité sympathique contribue à l'activation du système immunitaire et la libération de cytokines inflammatoires. Ces cytokines inflammatoires iront interférer avec les signaux monoaminergiques et neurotrophiques et vont également diminuer la sensibilité des récepteurs centraux de corticostéroïdes, aboutissant encore une fois de plus à une réduction du contrôle feedback. »

Cf. **Mécanismes associant stress et pathologies** (p.195) publié par

www.ipubli.inserm.fr/bitstream/handle/10608/217/?sequence=19

Fig. 13 :1 Processus moléculaires mis en jeu par le stress et la dépression (d'après Raison et coll., 2006).

Le stress entraine ainsi l'affaiblissement du système immunitaire qui se manifeste par l'apparition de toutes sortes de maladies.

Le système immunitaire est renforcé par les émotions positives telles la gratitude, la compassion, la générosité, l'amour, la joie de vivre. Par contre, il est affaiblie par les émotions négatives telles la peur, la colère, le sentiment de culpabilité, le ressentiment, l'amertume et les scènes de violence. Chaque fois que vous vous mettez en colère, vous êtes en train d'affaiblir votre système immunitaire. Plus votre système immunitaire est affaibli plus vous êtes à la merci des maladies. Les émotions négatives provoquent la diminution du nombre de lymphocytes et une inhibition de l'activité des cellules tueuses qui s'attaquent aux microbes et aux bactéries.

Stress et pathologies musculo-squelettiques.

Ici, nous pouvons citer les dorsalgies, lombalgies, rhumatismes, inflammations articulaires, tendinites, contractures.

Ces pathologies s'expliqueraient ainsi :

« L'activation du système nerveux autonome déclenche une sécrétion d'adrénaline et de noradrénaline qui provoque une augmentation de la fréquence cardiaque et un rétrécissement des artérioles. Il s'ensuit une diminution de la vascularisation dans le muscle et au voisinage du tendon, qui réduit l'apport de nutriments et entrave le processus d'autoréparation des microlésions des fibres tendineuses consécutives aux contraintes biochimiques excessives.

La libération des corticoïdes [hormones de la glande corticosurrénale], activée par le stress, agit sur les reins et peut perturber l'équilibre hydrominéral de l'organisme dont la conséquence la plus visible est l'œdème. Celui-ci pourrait comprimer le tendon ou les structures voisines, comme les nerfs, par exemple.

Le stress est responsable de la libération de cytokines via le système nerveux central. Ces cytokines sont pro-inflammatoires, elles favorisent les troubles musculo-squelettiques. »

Le chercheur Wilhelm Reich (médecin, psychanalyste, sociologue, 1897-1957), remarqua au cours d'une analyse avec un patient que lorsque le patient réprimait ses émotions, simultanément apparaissaient des tensions muscularies chez cette personne. Lorsque le sujet exprimait ses émotions, la tension musculaire disparaissait.

Cf. **LES PATHOLOGIES MUSCULO-SQUELETTIQUES** publié par

www.ergotonic.net/les-pathologies-liées-au-stress/

Stress et troubles digestifs.

Les études montrent le lien étroit qui existe entre les intestins (le système nerveux entérique) et le cerveau (le système nerveux central).

Le stress provoque des modifications immédiates sur la motricité gastro-intestinale. Le stress est souvent un déclencheur de plusieurs formes du Syndrome du Côlon Irritable provoquant diarrhée, constipation, ballonnements, nausées, douleurs abdominales, indigestion (dyspepsie).

« Le **stress** prolongé serait une cause importante du syndrome métabolique caractérisé par une accumulation de graisse abdominale, une diminution de la sensibilité cellulaire à l'insuline, une élévation du mauvais cholestérol et abaissement du bon cholestérol, ainsi qu'une élévation de la tension artérielle. L'hypersécrétion de cortisol et de catécholamines est directement mise en cause. Ces troubles digestifs peuvent être une cause d'insuffisances coronariennes [irrigation imparfaite du muscle cardiaque] et de diabète de type II [diabète survenant à l'âge adulte]. »

Cf. **LE SYNDROME METABOLIQUE** publié par

www.ergotonic.net/les-pathologies-liées-au-stress/

« L'hyperactivité de l'axe corticotrope et du système sympathique en cas de stress chronique a une action directe sur l'obésité viscérale : le cortisol supprime l'effet bénéfique des hormones sexuelles et de l'hormone de croissance au niveau viscéral et stimule directement la prolifération des adipocytes [cellules contenants des lipides]. (Kyrou et Tsigos, 2007 et 2009). »

Cf. Fig.13 :2. Rôle du stress dans le développement du syndrome métabolique et des pathologies cardiovasculaires (d'après Rosmond, 2005) publié par

www.ipubli.inserm.fr

Le stress est la principale cause de l'ulcère d'estomac induit par l'augmentation de la sécrétion de l'acide chlorhydrique gastrique.

L'inquiétude aboutit à la sécrétion de l'adrénaline et de la corticotropine provoquant soit des contractions de l'intestin (boule au ventre, nœud à l'estomac) soit l'accélération du transit(diarrhée).

Stress et diabète.

Le maintien de la glycémie est la résultante entre les apports de sucre (sucre alimentaire et production endogène) et la consommation de ce même sucre par les tissus. Cet équilibre est sous la dépendance de deux types d'hormones : l'insuline (hormone antidiabétique sécrétée par le pancréas), et les hormones de « contre-régulation » (glucagon, cortisol, adrénaline, hormone de croissance) qui élèvent la glycémie.

« Lors d'une situation de stress, le corps réagit en sécrétant des hormones de stress, soit les catécholamines (adrénaline, noradrénaline), le cortisol, le glucagon et l'hormone de croissance. Ces hormones de stress ont pour effet d'amener une hausse de la glycémie dans le but de procurer au corps l'énergie nécessaire pour lui permettre d'agir physiquement (fuir ou combattre) … »

Cf. L'effet du stress sur la glycémie, publié par**www.diabete.qc.ca/fr/vivre-avec-le-diabete/psychologie/le-stress/le-stress-et-le-diabete**.

Or, l'activation de la fonction corticotrope, la sécrétion d'hormone de croissance, la libération d'endorphines tout en augmentant la production hépatique de glucose inhibent la sécrétion d'insuline.

Cf. Serge FRIEDMAN, **« Diabète insulinodépendant, stress et troubles psychiatriques »**, publié par

http://psydoc-fr.broca.inserm.fr/colloques/cr/Stressimmunite/Friedman/friedman.html

Stress et maladies cardiovasculaires.

L'activation du système nerveux autonome et du système endocrinien « provoque une augmentation de la pression artérielle, et peut à long terme conduire à une hypertension artérielle. »

L'activation du système nerveux autonome « peut provoquer des lésions endothéliales [des tissus qui recouvrent les parois internes des vaisseaux et du cœur]. Ces lésions sont responsables de la formation de l'athérosclérose [maladie dégénérative des artères]. »

« L'angor [angine de poitrine] et l'infarctus [crise cardiaque] sont des complications de l'athérosclérose. »

Cf. **LES PATHOLOGIES CARDIAQUES** publié par

www.ergotonic.net/les-pathologies-liees-au-stress/

« L'hypersécrétion de noradrénaline peut entraîner des maladies cardiovasculaires car cette hormone a un puissant effet vasoconstricteur. En situation d'alarme, elle accroît la tension artérielle en provoquant la constriction [le rétrécissement] des artères. »

Cf. Terry LOOKER et Olga GREGSON, **GERER SON STRESS.**

Les émotions négatives répétées sur le long terme peuvent affecter les fonctions du cœur. Le stress, la peur, la crainte ou la tristesse, par exemple, ressenties de manière prononcée et répétitive, peuvent créer une surcharge émotionnelle ayant des répercussions sur le cœur entrainant des problèmes cardiaques.

Stress et mémoire.

La peur perturbe et bloque temporairement la mémoire.

Le stress a des effets neurotoxiques.

Les hormones de stress sont essentielles au bon fonctionnement de la mémoire. Lorsque vos émotions sont sollicitées, votre attention est captée, ce qui permet à votre cerveau de mémoriser cet instant. Toutefois, des études menées au Centre d'Etudes Sur le Stress(CESH) ont démontré que « lorsque les hormones de stress sont secrétées en trop grande ou trop petite quantité, notre capacité à apprendre et à retenir de nouvelles informations est réduite. »

Cf. **HORMONES DE STRESS ET MEMOIRE publié** par

https://www.stresshumain.ca/le-stress/effets-sur-la-memoire/hormones-de-stress-et-memoire

« Les émotions négatives peuvent contribuer à augmenter le risque de développer des maladies dégénératives et la démence, En effet, ces émotions comme l'anxiété, le stress, ressenties de façon prolongée, modifient le cœur ».

Stress et fonction de reproduction.

Les scientifiques ont découvert que les taux d'hormones sexuelles (les œstrogènes chez la femme, et la testostérone chez l'homme) dépendent du sentiment de sécurité éprouvé par la personne.

 L'homme stressé subit une baisse de la libido.

Une femme stressée, éprouvant la peur du lendemain, l'incertitude de l'avenir du couple, peut subir des troubles d'ovulation.

« Les hormones du stress inhibent l'hormone sexuelle gonadolibérine(ou GnRH) produite par le cerveau. Ce qui affecte négativement les spermatozoïdes, l'ovulation et l'activité sexuelle. »

Une autre étude des chercheurs de l'Université de Californie à Berkeley a montré que « le stress augmente aussi les niveaux d'une autre hormone sexuelle, la GnIH, qui est inhibitrice de la gonadolibérine. »

Cf. **Les effets du stress sur la sexualité et la fertilité mieux compris** publié par

www.psychomedia.qc.ca/sexualite/2009-06-16/les-effets-du-   stress-sur-la sexualité...

La peur persistante provoque la sécrétion du cortisol par les glandes surrénales. Si le cortisol est produit en grande quantité, il endommage les reins.

Le stress prolongé entraine un vieillissement précoce des cellules.

L'esprit sain : acteur de santé et de guérison.

Les études scientifiques nous montrent bien que le mental, le système nerveux, est largement impliqué dans toutes les activités et toutes les fonctions du corps humain. Il coordonne et contrôle tout le fonctionnement de l'organisme. Il travaille, par le biais du système nerveux autonome, 24 heures sur 24, 7 jours sur 7 et tous les jours de notre vie. On peut alors comprendre qu'un disfonctionnement au niveau du mental, c'est-à-dire du système nerveux, puisse compromettre le bon fonctionnement de l'organisme.

Certes, il y a encore beaucoup de choses à démontrer sur la responsabilité du mental sur la santé et le devenir humains. Mais, grâce aux découvertes scientifiques, l'Homme va comprendre que la maladie a pour cause essentielle la rupture de l'harmonie en l'Homme, rupture de l'esprit sain ; comprendre ainsi la nécessité de la pureté de la conscience.

L'heure vient où la Science officielle va découvrir les mécanismes des guérisons dites miraculeuses et le secret de la santé merveilleuse. En effet, le mental est un instrument à travers lequel l'Intelligence Infinie de l'Univers s'exprime. Lorsque la conscience est positive, irréprochable et tranquille ; lorsque le mental humain est assez pur et en harmonie avec l'Intelligence Infinie de l'Univers, le mental humain acquiert des grands pouvoirs sur tout l'organisme, mais aussi des pouvoirs dits surnaturels, capables d'opérer toutes sortes de guérisons.

Ayez toujours des pensées positives quelles que soient les circonstances. Car les pensées ou les émotions positives, l'amour, la joie, l'optimisme, la confiance en soi ne sont pas seulement dans la tête. Ces états d'esprit entrainent des réactions chimiques et de profondes variations hormonales. L'amour ou le sentiment d'amour, l'affection, la tendresse (les câlins, les caresses), la douceur (les paroles douces, les conversations agréables), la gratitude activent le système nerveux parasympathique et la sécrétion des hormones d'amour et du bonheur : **la dopamine** (hormone de la joie et de l'énergie), **l'ocytocine** (hormone de l'amour et de la tendresse), **la sérotonine** (hormone de l'humeur et de la confiance) et **les endorphines** (hormones du bien-être et antidouleurs).

Ces hormones du bonheur sont aussi des neurotransmetteurs. Leur bon fonctionnement est nécessaire pour l'harmonie corps-esprit et le bien-être.

La production des hormones d'amour et du bonheur dans l'organisme a pour résultats : la disparition de l'anxiété, de l'angoisse, du stress ; la régularisation du taux de cortisol et la protection de l'organisme contre toutes sortes de pathologies liées aux stress et d'autres maladies. L'activation du système nerveux parasympathique renforce l'immunité.

Par contre, les pensées négatives entrainent des émotions négatives. Si les émotions négatives perdurent, elles amènent des situations désagréables. La peur provoque la sécrétion de cortisol par les glandes surrénales. Si le cortisol est secrété en grande quantité, il endommage les reins.

La tristesse baisse la sécrétion de la sérotonine et de la dopamine, et augmente le taux de cortisol. Cela entraine l'affaiblissement des anticorps et la baisse d'énergie dans votre organisme.

Heureux ceux qui ont la conscience irréprochable et tranquille, car ils vivront en bonne santé.

Ayez le cœur pur, soyez dans un état d'esprit sain, et votre organisme fonctionnera merveilleusement pour votre santé. « Un esprit sain dans un corps sain. »

Vous pouvez alors comprendre les paroles du Christ qui dit :

« Te voilà guéri maintenant. Ne pèche plus, pour qu'il ne t'arrive pas quelque chose de pire. » (Jean 5 :14)

Et voilà que vous avez maintenant des éléments de compréhension. Mettez-les en pratique ; bannissez les états d'esprit négatifs, de peur qu'il ne vous arrive du mal.

« Heureux ceux qui ont le cœur pur, car ils verront Dieu. »

III - LES BLESSURES PSYCHOLOGIQUES

« Soyez saint comme votre Père Céleste est saint. »

Etre saint est une réalité est difficile à vivre pour toute personne souffrant de blessure psychologique. En effet, l'esprit sain est aux antipodes d'esprit déséquilibré, blessé, frustré, traumatisé. Cela se prouve dans le comportement de la personne traumatisée qui éprouve la peur, l'insécurité, le manque de confiance en soi, le manque d'intérêt, la haine, la tristesse, frustration, colère, etc....

La joie est un état d'être naturel. Malheureusement, beaucoup de personnes ont perdu la joie de vivre à cause d'événements pénibles, décevants, humiliants ou douloureux vécus au cours de la vie. Les situations désagréables nous affectent et occasionnent des blessures psychologiques telles que le sentiment de rejet, le sentiment d'abandon, le sentiment d'humiliation, le sentiment de trahison et le sentiment d'injustice.

Comment comprendre les blessures psychologiques.

Nous parlons ici des blessures psychologiques du point de vue parapsychologique.

Pourquoi les situations pénibles que vous avez vécues provoquent-elles des blessures intérieures, des traumatismes ?

Pourquoi et comment les dures épreuves de la vie (décès d'être cher, accident, déception, humiliation, frustration, échec, ...) provoquent-elles des traumatismes ou blessures psychologiques ?

Pourquoi les dures épreuves de la vie bloquent-elles votre plein épanouissement et votre évolution ?

Pourquoi vous sentez-vous frustré, choqué, lorsqu'une autre personne va à l'encontre de vos principes ?

Pourquoi et comment êtes-vous frustré ou choqué par une situation désagréable ?

Retenez, avant, tout que l'être humain est constitué des vibrations qui s'expriment sous forme d'états d'âme, d'états d'esprit, d'émotions, de sentiments, d'impulsions, de pensées, de raisonnement, de conception, de croyances, d'espoirs, …

-Dénigrer la croyance d'une personne ;

-Saper les espoirs d'une personne ;

-Décevoir les attentes d'une personne ;

-Injurier ou humilier une personne ;

-Se moquer d'une personne ;

-Porter atteinte aux droits ou intérêts d'une personne ;

-Aller à l'encontre des sentiments d'une personne ;

Poser l'un ou l'autre des actes ci-dessus cités, c'est toucher au bien-être, à l'équilibre, à l'état d'âme, à l'être d'une personne.

Lorsque vos vibrations sont perturbées, c'est votre état d'âme, votre être, votre équilibre, votre bien-être qui sont touchés et bousculés. C'est donc vous qui êtes touché. Votre être en prend des coups et blessures.

L'être humain est comparable à un arbre. Lorsqu'on porte atteinte aux racines, tiges ou feuilles qui alimentent l'arbre, l'équilibre et l'état de santé de cet arbre sont touchés et bousculés, et l'arbre dont l'alimentation est perturbée peut en mourir.

Ce processus est le même chez l'être humain qui subit les coups portés à ses intérêts.

Il a été démontré, en Sciences ésotériques, que tous les coups portés sur les éléments-témoins d'une personne se répercutent sur la personne concernée. Il en est de même de ses intérêts (biens matériels, relations humaines…).

Souvenez-vous que **« l'Homme ne se nourrit pas de pain seulement »
(Matthieu 4 :4).**

Qu'est-ce qui, donc, nourrit réellement l'Homme ?

La science vous apprend que tous les aliments physiques, solides, que vous consommez, sont transformés dans l'organisme en énergie. On peut donc comprendre que la matière c'est de l'énergie à l'état solide. Nous rappelons là la relation révélée par Einstein entre l'Energie et la matière : $E=mc^2$.

Nous avons dit que l'être humain est constitué des vibrations qui s'expriment sous forme d'états d'âme, d'états d'esprit, d'émotions, de sentiments, d'impulsions, de pensées, de conception, de raisonnement, de croyances, d'espoirs, de désirs….

Par conséquent, vous pouvez comprendre que l'Homme se nourrit en réalité de l'Energie, d'une manière ou d'une autre, à l'état solide (aliments solides) ou à l'état subtil (pensées, émotions, sentiments, …). C'est donc grâce à l'Energie que l'Homme a la vie, l'être et le mouvement (Actes 17 :28a). Ce qui vous renvoie à l'Energie Cosmique ou DIEU.

L'Energie originelle a deux polarités, positive et négative. Toutefois, l'Homme a le pouvoir de la requalifier en bonne (positive) ou mauvaise(négative). Lorsque l'énergie en vous est chargée d'émotions ou d'intentions positives et raffinées, vous ressentez des sentiments agréables et le bien-être. Par contre, lorsque cette énergie est chargée de mauvaises intentions, des émotions négatives et lourdes, elle génère, en vous, une certaine souffrance morale, voire physique.

Il y a blessure psychologique, ou traumatisme, lorsque l'énergie sentimentale, émotionnelle, psychique ou spirituelle qui alimente l'être humain est violemment perturbée.

Guérir ses blessures psychologiques.

Les traitements des blessures psychologiques, des traumatismes, font appel à des soins médicaux, des cures psychothérapeutiques, des soins bioénergétiques ou des soins spirituels. Les soins médicaux emploient des produits biochimiques comme les antidépresseurs, avec plus ou moins d'effets secondaires. Dans ce texte, nous allons aborder l'approche spirituelle ou parapsychologique.

Approche spirituelle.

Basés sur une hygiène de vie spirituelle, les soins spirituels passent par la purification et l'élévation de la conscience. La Spiritualité vous apprend à guérir de vos blessures intérieures en restant connecté à la Source originelle de la vie, comme la branche demeure unie à l'arbre (Jean 15 :1-7).

En pratique, la solution consiste à être et vivre sain, à avoir une conscience pure.

Les blessures psychologiques sont le résultat des croyances négatives ou de fausses croyances que la société vous a inculquées. Ces blessures prennent naissance dans votre conscience, c'est à dire dans vos pensées ou dans vos émotions. C'est aussi dans votre conscience qu'il faut les soigner, tout en faisant usage des soins complémentaires.

Si on vous injurie « Espèce de chacal ! », cela fait-il de vous un chacal ? Non, absolument. Cette injure n'a rien à avoir avec vous. Toute injure à votre égard est nulle et sans effet sur vous si et seulement si vous gardez vos pensées positives. Cependant, si vous vous attardez sur l'injure, vous l'intériorisez, vous la digérez, vous vous laissez emballé. Si vous vous identifiez à l'injure, vous créez, en vous-même, une forme-pensée correspondant à l'injure. La forme-pensée est une entité métaphysique (spirituelle) qui se nourrit de vos énergies. Cette entité va commencer à pomper votre énergie pour vous épuiser à la fin. Tout ceci se passe d'abord dans votre subconscient, à votre insu, avant de prendre, finalement, une manifestation extérieure.

Nous avons dit que les blessures psychologiques sont le résultat des fausses croyances, et ces fausses croyances dépendent du niveau de conscience spirituelle.

Les niveaux de conscience spirituelle

Tous les humains ont un cycle de développement de la conscience, indépendamment de leur race, sexe, croyance ou condition sociale. Généralement, nous avons trois niveaux de conscience au sein desquels on trouve diverses nuances. Ainsi, nous avons :

1- Le niveau primaire de conscience,
2- Le niveau moyen de conscience,
3- Le niveau supérieur de conscience.

1°) Le niveau primaire de conscience.

Les personnes se situant à ce niveau répondent aux caractéristiques ci-après : Matérialistes et grégaires, elles s'intéressent principalement à l'argent, l'accumulation des biens matériels, l'assouvissement des besoins primaires et la satisfaction des plaisirs des sens.

Elles croient que la valeur d'une personne est proportionnelle à sa richesse financière et matérielle, et que le bonheur est fonction des plaisirs éprouvés. Elles s'identifient essentiellement à leur corps physique. Possessives, elles considèrent leurs partenaires comme leur propriété privée. Elles adorent et recherchent les honneurs et le pouvoir. Fortement influencées par la mode et le groupe, leurs relations sociales sont marquées par la manipulation, l'exploitation, l'asservissement des autres. Autrui n'est pris en compte que comme moyen pour atteindre leurs buts.

Elles ont une vague conscience de Dieu, et croient qu'on peut négocier avec le Divin pour en obtenir des faveurs en échange d'offrandes ou de sacrifices matériels voire de sacrifice du sang.

Elles ont une vision binaire et monopolaire fondée sur l'antagonisme et la dualité bien-mal, haine-amour, haut-bas, …

Elles sont insouciantes quant à leur responsabilité morale. Elles ont l'empreinte des énergies brutes et lourdes.

2°) Le niveau moyen de conscience.

Ici, on note les caractéristiques ci-après :

Ouverture d'esprit, ouverture à l'amour désintéressé, recherche de l'âme-sœur. Création artistique, recherche de la beauté, le bien, la vérité. Conscience de soi, reconnexion avec l'esprit, discernement entre le Moi inférieur (l'Ego) et le Moi supérieur (l'Esprit saint). Sentiment de sa responsabilité morale, découverte de sa vocation (sa raison d'être).

Quête du savoir et de la connaissance, élargissement de la conscience, perception des plans extraphysiques. Conscience de l'existence de l'âme, de la possibilité d'exister hors du corps physique, l'existence de l'âme après la mort. Intérêt pour le monde invisible. Accès à une vision globale et unifiée des diverses situations de la dualité. Recherche d'une spiritualité au-delà des religions traditionnelles, affranchissement des croyances religieuses sectaires.

Relations humaines fondées sur la compréhension, la collaboration, la compassion. L'accumulation des biens passe au second plan. Sexualité uniquement recherchée dans un profond sentiment d'amour sincère. Energies positives polies.

3°) Le niveau supérieur de conscience.

Ici, on retrouve les caractéristiques ci-après :

Connaissance de soi. Conscience de la présence de la Divinité en soi mais aussi en chaque être vivant. Conscience de la présence de Dieu en tout. Libération de l'emprise de l'Illusion. Conscience de l'Unité, de l'interconnexion de tous les êtres visibles et invisibles. Communication avec l'invisible. Vision unifiée de l'existence. Plus de dualité.

La matière s'illumine en tant que réceptacle et manifestation de l'Esprit saint. Tout devient sacré, pur, bon et utile. Acquisition de la vision claire (clairvoyance et connaissance). Illumination : vision divine du monde (sagesse). Véritable amour qui embrasse tout.

Les personnes à ce niveau manifestent dans leur être et agir les hauts idéaux tels la compassion, le pardon, l'amour, le respect, l'humilité, la pureté, le non-attachement, l'altruisme, l'universalisme, la paix, …

Energies positives très raffinées et élevées.

Blessures psychologiques et pistes de soins.

Tous les humains, sans distinction aucune de sexe, de race, de croyance ou de conditions sociale, passent par diverses épreuves pour le développement de la conscience, l'éveil spirituel et l'Illumination (la Sagesse).

Débutant dans le sein maternel, ces épreuves marquent la conscience humaine de plusieurs façons. Les situations vécues sont d'abord perçues comme des dures épreuves injustes causant des blessures à l'âme pour finalement aboutir, lorsque qu'elles sont bien comprises, à l'acquisition de la connaissance irréversible.

Pour guérir ses blessures psychologiques il ne faut pas les fuir (chercher refuge dans l'alcool ou la drogue), ou les enfouir en soi (refoulement). Le processus de guérison passe par l'identification de la blessure en cause, sa compréhension, la requalification des faits, le dépassement de soi, et enfin le changement de niveau de conscience.

Examinons, à présent, les cinq blessures.

1°) La blessure de rejet.

Le sentiment de rejet se crée lorsqu'une personne (enfant ou adulte) est la cible des propos de rejet, de dédain, de mépris, de haine. La victime n'est pas désirée par son entourage (parents, famille, amis, …) ; elle est repoussée ou mise à l'écart par une personne ou un groupe des personnes.

Si vous avez été la cible des propos de rejet, de dédain ou de haine, vous vous êtes senti non désiré ; vous vous avez eu le sentiment de rejet, le sentiment d'être repoussé, méprisé ou mis à l'écart. Par ce sentiment, vous avez envoyé à votre subconscient le message « je ne suis pas désiré ». A votre insu, votre subconscient a développé une fausse croyance vous disant : « Puisque vous n'êtes pas désiré, donc vous n'avez pas droit à la vie ». Une fois cette croyance acceptée, votre sentiment de rejet devient de plus en plus fort et enraciné en vous. Vous croyez que vous n'avez pas droit à la vie.

Même s'il y a des gens qui ne vous désirent pas, la croyance selon laquelle « vous n'avez pas droit à la vie » est votre propre croyance. Nous disons que c'est votre propre croyance parce que personne n'est désirée ou rejeté à cent pour cent par messieurs ou mesdames tout le monde. Vous aviez la possibilité de raisonner votre sentiment de rejet. Vous auriez pu vous dire : « Si telle et telle personnes me rejettent/ repoussent, il y en a d'autres qui m'apprécient ». Malheureusement, vous vous êtes cramponné à cette croyance négative. Votre croyance vous conduit à des comportements excentriques soit dans votre apparence physique (coiffure, accoutrement) soit dans vos relations sociales. Vous vous sous estimez, vous vous sentez inférieur aux autres voire inutile. Vous refusez les marques d'attention à votre égard. Vous manquez de confiance en vous-même. Convaincu de votre inutilité, vous sabotez vos relations dès lors qu'une personne veut s'attacher à vous. Vous êtes triste et frustré. Vous vous faites discret pour que les autres ne vus voient pas. Cette croyance et la peur d'être encore rejeté entrainent à la solitude (à vous isoler). Bref !

Il est temps de faire une trêve, de requalifier les faits pour prendre l'envol, changer le niveau de conscience.

S'il a des gens qui ne vous désirent pas, il y en a d'autres qui s'intéressent à vous, même si vous ne le savez pas. Sachez que même les bienfaiteurs de ce monde n'ont pas été appréciés à cent pour cent par tout le monde. Jésus, le Généreux, disait : « Si le bois cru a été mis au feu, à combien plus forte raison brulera-t-on le bois sec ».

Sachez que le hasard n'existe pas. Si vous êtes venu au monde, c'est que la vie a besoin de vous pour une raison ou pour une autre. Vous avez droit à la vie puisque vous êtes déjà là. Ceux qui ne vous désirent pas ne savent pas votre raison d'être. Vous avez un rôle à jouer dans cette vie. Vous êtes un des membres de ce grand corps qui est le Tout, Dieu.

Travaillez plutôt à purifier vos pensées, sentiments et émotions pour les rendre positives. Désormais, dites-vous plusieurs fois par jour : « Je suis né parce que la vie a besoin de moi. J'ai un rôle à jouer dans ce monde. J'ai droit à la vie. » Croyez-en cela. Soyez-en rassuré que cette croyance c'est la vérité. Cherchez ce Dieu qui vous aime tant et qui est là au plus profond de vous-même. Communiquer avec votre Moi supérieur et il vous guidera tout au long de votre vie. Ce travail va transformer et embellir votre monde intérieur. La beauté et la richesse qui en découleront attireront à vous, par attraction électromagnétique, des personnes qui semblaient vous ignorer ou vous rejeter. Vous aurez une créativité abondante et la tranquillité de l'esprit même dans des situations difficiles. Les gens vous envieront pour la paix intérieure à laquelle vous serez parvenu.

Ayez confiance en vous-même. Ne nourrissez aucun complexe en vous. Aucune personne n'est plus importante qu'une autre. La considération que les autres vous doivent doit d'abord commencer par vous-même. Ne cherchez pas des honneurs ni la vaine gloire auprès des autres. N'attendez pas que les autres vous apprécient même si vous le méritez. Appréciez-vous vous-même à votre juste valeur. Soyez satisfait de vous-même chaque fois que vous faites quelque chose de bien. Votre vie et votre bonheur ne dépendent pas de l'avis des autres. Si vous nourrissez un complexe (d'infériorité ou de culpabilité), vous baissez l'énergie en vous, et cela va perturber votre vie. Soyez positif, optimiste et chaleureux. Augmentez votre taux vibratoire en mettant en pratique les consignes données plus haut. (Cf. **Augmentez votre taux vibratoire**). Soyez parfait comme l'Esprit en vous est parfait. Ainsi, la loi d'attraction jouera en votre faveur et vous accordera toute la considération que vous méritez. Car vous êtes un dieu créé à l'image de Dieu. Vous avez en vous un potentiel important à mettre au service des autres. Ne pouvez-vous pas être utile à quelque chose, quelque part ? Montrez au monde ce que vous savez faire. Vous avez un rôle à jouer. A vous, donc, de jouer. Montrez-vous utile.

2°) La blessure d'abandon (ou blessure de séparation).

La blessure d'abandon se crée par le manque d'amour et de sécurité nécessaires au développement psycho-affectif d'une personne.

Si vous avez subi la séparation (momentanée ou définitive) avec un parent ou les deux parents ; si on vous laissait souvent seul à la maison ou chez d'autres personnes ; si vous avez perdu une personne ressource (décès), vous vous êtes senti abandonné. Vous ressentez que vous n'avez l'amour et les soins nécessaires pour votre plein épanouissement. Le sentiment d'abandon qui s'est mis en place dans votre subconscient a créé une détresse. Vous avez peur d'être encore abandonné. La détresse ressentie vous pousse à rechercher la compagnie des autres. Car, votre subconscient vous dit : « Vous avez besoin des autres pour vivre et exister ». D'où vous avez développé une dépendance affective.

Les épreuves de la vie ont pour rôle de vous amener à atteindre un but donné. A cause de la blessure d'abandon, vous avez peur de rester seul. Le sentiment d'abandon vous fait prendre conscience qu'il n'est bon qu'une personne reste seule, et que nous avons tous besoin des autres pour vivre et exister.

Derrière la dépendance affective nous devons comprendre que nous sommes tous interconnectés. Tous les êtres humains, sans distinction aucune, font partie d'un même et vaste organisme, et chacun ou chacune est une cellule de cet organisme. Ainsi, on comprend que personne ne peut vivre et exister seul. Nous avons besoin des autres pour vivre et exister. D'où le besoin, voire la nécessité de l'amour. En réalité, tout le mal du monde se trouve dans le manque d'amour. Les personnes qui n'en reçoivent pas assez deviennent ternes, grognonnes, grincheuses, désagréables, révoltées, râleurs, violentes, agressives, …Dans les pires des cas, l'enfant abandonné, n'ayant pas reçu l'amour et l'affection nécessaires à son développement psycho-affectif, n'a pas appris à en donner aux autres. Habitué à la solitude, il devient froid et indifférent aux autres pour se protéger. Endurci, il ressent peu d'émotion ou peu d'affection. Son indifférence fait souffrir, en apparence, les autres que lui-même.

Ceux qui nous quittent ou nous abandonnent vivent, eux aussi, une détresse, l'angoisse de la séparation. Ils sont victimes d'un manque ou d'une insuffisance d'amour. Car, l'homme qui abandonne son enfant et quitte sa femme désespérée n'est pas réellement heureux. Il part avec un cœur lourd de détresse. IL s'en va chercher l'amour qu'il prétend n'avoir pas eu. Cela demande notre compassion… Les autres ont besoin de notre amour comme nous avons besoin de leur amour. L'amour ne doit pas être égoïste. L'amour doit être réciproque.

L'amour doit englober et embrasser tous les êtres. Nous devons nous aimer les uns les autres. Nous ne devons pas avoir peur de donner notre amour aux autres, même si ceux-ci ne nous le rendent pas autant. L'amour que nous ressentons en nous est bénéfique non seulement dans nos relations sociales, mais aussi pour notre développement psycho-affectif, pour notre bien-être et pour notre santé. Pensez aux hormones de bonheur que l'amour distille dans votre organisme.

Aimez sans avoir peur du reste. Aimez comme le soleil qui brille pour les bons et les méchants.

En fait, qu'est-ce qui fait que le soleil brille sans fin ? Réponse : en brillant, il se recharge continuellement.

« Le flambeau de la vie est entretenu par le feu de l'amour ».

3°) La blessure d'humiliation.

Enfant, vous avez tardivement fait pipi au lit ou dans les habits, vous avez été sale et on vous a critiqué, adressé des paroles humiliantes ou des insultes.

A l'école, vous avez été la risée des autres enfants parce que vous n'avez pas été intelligent.

Vous avez subi un traitement inhumain, dégradant (maltraitance physique, morale, sexuelle).

Vous avez ressenti la honte. Votre subconscient a développé une fausse croyance en vous disant : « Puisque vous avez honte de vous, donc vous n'êtes pas digne ». Vous croyez que les autres ont plus de dignité que vous et que vous êtes sans valeur. Vous vous faites mal.

Combien de mal allez-vous vous faire pour comprendre que chacun de nous a droit à l'erreur ?

Puisque les autres ont plus de dignité que vous, vous faites passer leurs besoins avant les vôtres. Cela fait de vous une personne servile. Vous manifestez le respect vis-à-vis des autres. C'est bien. Mais, n'oubliez pas que charité bien ordonnée commence par soi-même. Le respect que vous accordez aux autres, vous devez aussi vous l'accorder à vous-même. Vous vous le devez. Car toute vie a de la dignité. Et la dignité n'exclut pas le droit à l'erreur.

Chacun ou chacune de nous a besoin d'expérience pour comprendre. Même si vous faites des erreurs ou des bêtises, on doit vous accorder le droit à l'erreur. Une fois l'expérience faite, vous en tirerez des leçons utiles. La leçon ne sera comprise qu'après expérience et prise de conscience. Faute de quoi, vous resterez dans votre soif de reproduire l'expérience pour comprendre. C'est ainsi que nous voyons des adultes se comporter comme des petits enfants, tout simplement parce qu'on leur avait volé leur enfance, on les avait empêchés de faire l'expérience dont ils avaient besoin pour comprendre.

La dignité sous-entend le respect. Chacun ou chacune de nous a droit au respect de sa personne. Le respect de la personne implique le respect de sa vie, de sa personne physique, de sa vie privée, ses gouts, ses choix, et ses expériences. N'oubliez pas que les expériences de chaque personne dépendent du niveau de conscience de la personne concernée.

Certes, l'expérience et l'expertise des autres peuvent nous être utiles. Les autres, par solidarité, ont le devoir de nous indiquer, sans pour autant imposer, des bonnes manières de vivre et d'agir, dans le respect de la dignité humaine, avec amour et sans humiliation.

En servant les intérêts des autres vous faites du bien. Mais, pour que votre service fasse de vous une personne véritablement serviable, il faut changer quelque chose en vous : votre ressenti. Vous ne devez pas servir les autres avec des pensées et des émotions négatives, comme un esclave le ferait avec son maitre autoritaire. Vous devez le faire avec amour et joie, sentant la dignité qui vous revient, sans vous aplatir. Ainsi, votre service ne sera plus mécanique mais plutôt cordial. En y mettant du cœur, vous devenez serviable et vous suscitez ainsi la sympathie des autres. Vous devenez comme Jésus lavant les pieds de ses disciples. Vous vous dites au fond de vous : « Je le fais parce que cela me plait de rendre service ». Le service doit vous procurer la joie. Vous faites, alors, le bien sans rechercher les honneurs. Ce qui, au départ, était de l'humiliation aboutit, alors, à l'Humilité.

« Soyez humble, rabaissez-vous (sans vous sous-estimer), et Dieu vous élèvera ».

4°) La blessure de trahison.

Lorsqu'on a trahi votre confiance,

Lorsqu'on vous a fait des promesses qui n'ont pas été respectées,

Lorsque quelqu'un s'est servi de vous pour satisfaire ses intérêts égoïstes,

Lorsqu'on vous a distrait pour vous voler,

 Lorsque vous avez été victime des mensonges,

Lorsque vous avez fait des confidences à une personne qui les a ensuite divulguées,

Vous vous êtes senti trahi. Le sentiment de trahison ressenti a envoyé le message « j'ai été trahi » à votre subconscient. Votre subconscient a créé la fausse croyance vous disant : « Puisqu'on vous a trahi, il ne faut, donc, plus faire confiance aux autres ». Alors, vous êtes devenu regardant, exigeant et même méfiant en tout. Vous voulez tout contrôler, dans vos relations professionnelles et sentimentales, pour vous prémunir de la trahison (pour être à l'abri de la trahison). Vous voulez être vigilant tout le temps, et vous ne vous donnez pas de repos. Vous êtes inquiet, car vous craignez d'être trahi ou trompé de nouveau.

La blessure de trahison entraine une avalanche d'émotions négatives destructrices telles que la déception, le sentiment de culpabilité, le sentiment d'une conscience déchirée, la honte, la colère, la rancune, la haine, la méfiance, … Ces émotions négatives vont irrésistiblement vous attirer des situations désagréables. C'est l'accomplissement de la loi d'attraction qui veut que le bien attire le bien, le mal attire le mal, la colère attire la colère, la trahison attire la trahison, etc.

Si, donc, vous vous méfiez des autres, votre méfiance va se traduire, dans vos relations socio-professionnelles et sentimentales, par la perte de confiance, la perte de crédit, le discrédit, la théorie du complot, la paranoïa. Vous croyez, alors, fermement que vous serez trahi ou trompé. Cette croyance, inscrite dans votre subconscient, va obligatoirement vous attirer des personnes susceptibles de vous trahir ou vous tromper à nouveau afin de vous amener à comprendre que même si vous restez vigilant et regardant, il vous est difficile d'être l'abri de la trahison, par votre seule vigilance. Savez-vous contrôler ce qui se passe autour de vous quand vous dormez ou lorsque vous n'êtes pas à la maison ou au bureau ?

Tenant compte de la loi d'attraction, la seule façon de vous en sortir c'est de prendre de la hauteur, se dépasser, changer le niveau de conscience. Par expérience, un sage a dit : « Si le Seigneur ne bâtit la maison, en vain peinent les maçons. Si le Seigneur ne garde la ville, en vain veille la garde. » C'est ici le lieu de savoir que vous n'êtes pas exclusivement votre corps physique. Beaucoup de personnes s'identifient simplement à leur corps physique. Sachez que votre corps physique n'est qu'un véhicule pour vous. Lorsque vous dormez, dans votre sommeil paradoxal, vous n'avez plus le contrôle de votre corps physique ni de ce qui se passe autour de vous. Pendant votre sommeil un voleur peut venir voler dans votre chambre sans vous en rendre compte. Pourquoi ? Tout simplement parce que pendant le sommeil, votre corps physique est bel et bien dans votre chambre, mais vous, vous êtes ailleurs. En effet, il y a en vous une intelligence infaillible qui voit tout, connait tout et capable de tout : l'Esprit. Il est en vous et en chaque être vivant. C'est grâce à lui que vous avez l'être, la vie et le mouvement. C'est lui qui gère le fonctionnement autonome de votre organisme, les battements de votre cœur, votre digestion, la défense de votre organisme contre les microbes et les bactéries nuisibles à votre santé…L'Esprit saint, c'est Dieu en vous. Il veut exclusivement votre bonheur. Il ne se trompe pas et ne peut pas aussi vous tromper, vous mentir ni vous trahir. Il connait le cœur de chacun. Il veille sur vous, vos relations et vos entreprises. Il est capable de satisfaire tous vos besoins. Il a un projet de bonheur, pour vous, et non un projet de malheur. Pour votre bonheur, croyez en lui et faites-lui confiance, et il vous guidera en tout (Ps.1). Cherchez la connexion avec votre Moi supérieur, l'Esprit saint en vous, et il se révélera à vous. Il attirera à vous, grâce à la loi d'affinité, des personnes admirables dignes de confiance.

5°) La blessure de l'injustice.

Lorsqu'on vous a privé du plaisir de jouer, de vous amuser, de jouir de votre temps,

Lorsqu'on ne vous a pas accordé le droit à l'erreur,

Lorsque vous n'avez pas bénéficié d'autant de faveurs qu'on a accordées à l'autre,

Lorsque, encore enfant, on vous a chargé des responsabilités ne correspondant pas à votre âge,

Lorsque vous avez constaté que les uns sont riches tandis que les autres sont pauvres,

Lorsque vous avez remarqué que certaines personnes sont en bonne santé, rarement malades, tandis que d'autres sont tous les temps malades,

Vous avez ressenti de l'injustice. Le sentiment d'injustice enfoui dans votre subconscient génère plaintes, frustration, colère, révolte, … C'est ici le lieu de se poser des questions essentielles, à savoir : pourquoi les inégalités ? Pourquoi la souffrance ? Quel est le sens de la vie ? etc. … Pour trouver des réponses justes, il faut repartir aux origines.

La vie n'est pas un fruit du hasard. Elle est la conséquence d'une Intelligence incommensurable qui dépasse l'entendement du commun des mortels. Au commencement était l'Esprit Cosmique. L'Esprit est Energie. Cette énergie vibre à des fréquences variables. En se condensant, elle donne naissance à la matière. L'Esprit, c'est la vie. La vie, toute vie, fonctionne selon un Plan Général inscrit au sein de l'Esprit. L'Esprit est aussi appelé Dieu. Les mécanismes de fonctionnement cohérent de l'existence sont appelés lois divines ou lois de la Nature. Ces lois sont irréversibles pour perpétuer la vie et garantir la justice. Il y a un seul et unique Esprit Créateur du monde et des êtres vivants. Il est le Créateur de l'Univers visible et invisible. Il est le garant de la Justice. Puisque l'Esprit est Amour et Justice, pourquoi tant d'inégalités et d'injustices à travers le monde ?

En réalité, le hasard n'existe pas, et l'injustice n'existe pas non plus. Ce qui apparait comme injustice aux yeux des humains ne l'est pas dans l'entendement divin. L'injustice ou la souffrance se trouve dans la conscience des humains à cause de deux choses : l'ignorance et le non-respect de la loi.

1- De l'ignorance.

« Mon peuple meurt faute de connaissance », dit le Créateur. En d'autres termes, l'Homme souffre à cause de l'ignorance. En effet, la vie ressemble à un grand puzzle dont nous sommes les différentes pièces. Chaque pièce est unique et occupe une place bien précise. Il n'y a pas deux pièces identiques ni une pièce plus importante que d'autres. Aucune pièce, donc, ne doit convoiter la place de l'autre. Malheureusement, certains humains veulent se comparer aux autres. Souffrant de complexe, ils se croient inférieurs ou supérieurs aux autres. Ainsi, ils sombrent dans la convoitise et souffrent.

 La loi stipule : « Tu ne convoiteras rien de ce qui appartient à ton prochain, ni sa maison, ni sa femme, ni son serviteur, ni sa servante, ni son bœuf, ni son âne » (Genèse 20 :17). Ce qui fait, donc, souffrir c'est la comparaison négative (mauvaise conscience) et la convoitise. Chacun ou chacune devrait ou doit se réjouir de la vie et du fait que l'esprit créateur de tout est en lui ou en elle. Il est capable de pourvoir à tous nos besoins. Il ne sert à rien de se comparer aux autres car la vie a besoin de la diversité. La beauté de la Nature se trouve dans la diversité des écosystèmes : diversité des plantes, des fleurs, d'oiseaux, d'insectes, d'animaux, etc.

 De même, Dieu a créé une diversité d'hommes et de femmes, diversité des visages, des talents… La main a cinq doigts, et chaque doigt a un nom, et chacun fait son petit métier pour le bien de tout le corps. Au niveau humain, chacun ou chacune a, au moins, un talent à mettre à la disposition du monde. Tout le monde ne peut pas être musicien, peintre, mécanicien, écrivain, comédien, maçon, ministre, président de la république, etc… Dans un orchestre, tous les musiciens ne jouent pas la même partition. Dans une pièce de théâtre, tous les comédiens ne jouent pas le même rôle, … et chacun reçoit une formation appropriée selon le rôle à jouer. Donnez, donc, le meilleur de vous-même quoi que vous soyez, et cessez de vous plaindre, ni de vous comparer aux autres.

Il ne sert aussi à rien de convoiter, car vous êtes des dieux capables de créer et d'obtenir ce dont vous avez besoin pour votre vie et pour le bien de tous, si vous ne nourrissez aucune pensée mauvaise (Jean 10 :34 ; Marc 9 :23 ; Jean 14 :12).

Aimez-vous et admirez-vous vous-même avec joie et gratitude,

Supprimez tout complexe,

Ne convoitez rien,

Apprenez à créer et à travailler avec les pouvoirs de votre esprit.

2- Du non-respect de la loi.

L'Esprit Créateur de tout est Amour et Justice. Il a créé tous les hommes et toutes les femmes de la même façon, à son image. Tous les hommes et toutes les femmes, sans distinction aucune de race, de croyance, de condition sociale, ont la même dignité et les mêmes droits fondamentaux. Chaque homme et chaque femme ont droit à une vie digne leur permettant de satisfaire les besoins essentiels de la vie. Malheureusement, les humains constatent des inégalités : d'aucuns sont riches, tandis que d'autres sont pauvres ; certains sont bien portants, tandis que d'autres sont maladifs, etc…

Pour comprendre ce qu'il se passe, il sied de savoir, d'une part, que la vie est régie par des lois. Pour vivre heureux, il faut obligatoirement respecter ces lois. Le non-respect de la loi entraîne une infraction, donc la souffrance. D'autre part, il faut savoir que chaque être vivant est constitué d'atomes qui sont un ensemble d'énergies en mouvement. Par conséquent, nous sommes un ensemble d'énergies ; nous sommes émetteurs et récepteurs d'ondes ou de fréquences électromagnétiques.

Parmi les lois qui régissent la vie, nous avons la loi d'**attraction** universelle (ou loi des polarités). Cette loi dit que : quelle que soit la fréquence que vous émettez, il y a une autre fréquence qui lui correspond et qui est attirée vers vous magnétiquement. Puisque vous êtes un émetteur d'ondes ou de fréquences (vos pensées, sentiments, émotions, croyances, …), vos ondes ou fréquences s'échappent de vous et se propagent dans l'espace. Par le biais de la loi d'attraction électromagnétique, elles entrent en résonnance avec des ondes ou des fréquences qui leur sont semblables, car les semblables s'attirent. Par-là, vos ondes ou fréquences attirent, à vous, des ondes ou fréquences semblables à celles que vous avez émises, et attirent des situations ou des personnes qui y correspondent. Ainsi, vous êtes responsable, consciemment ou inconsciemment, de votre sort. Si vous avez semé le vent, vous récoltez la tempête. Celui qui sème le maïs récoltera le maïs. « Chacun récolte ce qu'il sème ».

Par ailleurs, certaines situations difficiles ne signifient pas que vous êtes une mauvaise personne. Ces situations sont simplement des épreuves de la vie pour votre avancement, votre éveil spirituel ou votre accomplissement. En effet, l'Homme sur terre passe par quatre catégories d'épreuves correspondant à quatre éléments de la matière, à savoir l'eau, l'air, le feu et la terre. Il a été dit que « Dieu créa l'Homme à son image » (Genèse 2 :27). Pour jouir de votre statut de dieu, car tous les humains sont des dieux, chacun doit se rendre digne. « Vous êtes appelés à être des maitres (avatars) de l'eau, de l'air, du feu et de la terre. Mais pour régner sur ces éléments, il faut les apprivoiser, les dompter et les maitriser » (Genèse 2 :26).

« L'Homme acquiert la Sagesse et le Pouvoir à travers les épreuves de la vie ». (« Tu gagneras ton pain à la sueur de ton front. »)

Les quatre catégories d'épreuves servent simplement à purifier l'Homme de ses défauts et impuretés afin de maitriser les forces de l'instinct destructeur et de le rendre digne de régner sur la Nature, sans égoïsme ni cupidité, sans vantardise ni légèreté. Il s'agit donc de cultiver les qualités et les vertus telles que :

L'amour : Etre capable d'aimer les autres, même ses ennemis, de prier pour eux, et de faire du bien à ceux qui vous persécutent.

L'altruisme : Savoir donner à celui qui vous demande quelque chose, ne pas refuser de prêter à celui veut vous emprunter.

Le non-attachement : « Si quelqu'un veut te faire un procès pour te prendre ta chemise, laisse-le prendre aussi ton manteau ». Savoir se détacher des biens matériels et des prérogatives temporelles.

La compassion : « Si quelqu'un te gifle sur la joue droite, laisse-le te gifler aussi sur la joue gauche ». Savoir comprendre les faiblesses, les limites, les défauts, les manquements, la douleur et la souffrance de l'autre.

Le pardon : Savoir supprimer la charge émotionnelle négative liée à une offense ou à un manquement.

La force : Savoir endurer les épreuves de la vie avec sérénité, travailler pour le bien de l'humanité malgré les revers, les peines, les douleurs et les larmes.

L'humilité : Savoir rebaisser pour rendre service aux autres.

C'est ainsi que Job, Jésus et d'autres avatars ont été mis à l'épreuve selon le plan divin.

Ayant changé de niveau de conscience, soyez fort(e) et endurant(e), et passez vos épreuves dans la pureté du cœur et la sérénité.

IV - LA RELIGION ET LA VERITE

Sans ignorer leur importance, chacune des religions sur terre a une dose d'ignorance, de superstition et d'obscurantisme. La Vérité Divine est une chose, la religion en est une autre. La religion n'est pas toujours fidèle à la Vérité Divine. La religion, étant le fruit de l'intelligence et la compréhension humaines, a exprimé des vérités en rapport avec l'entendement humain de l'époque de leur conception.

Beaucoup de cultes, rites, dogmes, doctrines, coutumes, traditions et enseignements religieux sont le fruit de l'ignorance et de la superstition. Ce sont des fausses croyances. Certaines coutumes et traditions sont l'empreinte de l'égoïsme et la tyrannie des hommes.

Aujourd'hui, plus que jamais, des centaines de milliers d'hommes et de femmes se lèvent par-ci et par-là pour célébrer un culte à Dieu. Malheureusement, ces hommes et ces femmes rendent des cultes sans valeur à Dieu. Si les cultes rendus avec tant de ferveur étaient conformes aux Normes Divines, la Terre serait un paradis pour tous les hommes et toutes les femmes qui y habitent. En fait, ces centaines de milliers d'hommes et de femmes honorent un Dieu qu'ils ne connaissent que de noms, mais pas réellement.

La religion de Dieu.

Les religions s'affrontent, se font la guerre, au nom de Dieu. Dieu, qui est le dénominateur commun à tous les hommes et toutes les femmes, à toutes les religions, est malheureusement la cause de division des religions et des hommes et des femmes qu'Il veut voir unis par Amour.

D'aucuns croient qu'ils sont les seuls enfants légitimes de Dieu. Certains proclament que leur religion est la seule véritable religion devant Dieu. Ainsi, avec zèle, ils forcent les autres à se convertir et à changer leur foi. D'autres croient que les « mécréants » méritent d'être persécutés. Hélas !

La vérité est que La Source de la Vie de tous les êtres est Unique. Il y a Un Seul et Unique Dieu Créateur de l'Univers visible et invisible ; Un Seul et Unique

Dieu Créateur de tous les hommes et toutes les femmes, des hommes et des femmes de toutes les races.

La seule religion valable pour Dieu c'est l'Amour, l'Amour vrai, l'Amour universel englobant tous les êtres de l'Univers.

« Voici ce qui distingue clairement les enfants de Dieu des enfants du diable : quiconque ne fait pas ce qui est juste, ou n'aime pas son frère, n'appartient pas à Dieu.

« Nous savons que nous sommes passés de la mort à la vie ; nous le savons parce que nous aimons nos frères. Celui qui n'aime pas est encore sous le pouvoir de la mort. Quiconque a de la haine pour son frère est un meurtrier. Or vous savez qu'aucun meurtrier n'a de place en lui pour la vie éternelle. Si quelqu'un, ayant largement de quoi vivre, voit son frère dans le besoin mais lui ferme son cœur, comment peut-il prétendre qu'il aime Dieu ? Mes enfants, n'aimons pas seulement en paroles, avec des beaux discours ; faisons preuve d'un véritable amour qui se manifeste par des actes » (1 Jean 3 :10, 14, 15, 17,18).

« Et nous, nous savons et croyons que Dieu nous aime.

« Dieu est Amour ; celui qui demeure dans l'amour demeure uni à Dieu et Dieu demeure en lui.

« Il n'y a pas de crainte dans l'amour, l'amour parfait exclut la crainte. La crainte est liée à l'attente d'un châtiment et, ainsi, celui qui craint ne connaît pas l'amour dans sa perfection.

« Si quelqu'un dit : « j'aime Dieu », et qu'il haïsse son frère, c'est un menteur. En effet, s'il n'aime pas son frère qu'il voit, il ne peut pas aimer Dieu qu'il ne voit pas. Voici donc le commandement que le Christ a donné : celui qui aime Dieu doit aussi aimer son frère » (1 Jean 4 :16, 18, 20, 21).

« …Aimez vos ennemis et priez pour ceux qui vous persécutent. Ainsi, vous deviendrez les fils de votre Père qui est dans le ciel. Car Il fait lever son soleil aussi bien sur les méchants que sur les bons, Il fait pleuvoir sur ceux qui lui sont fidèles comme sur ceux qui ne le sont pas. Si vous aimez seulement ceux qui vous aiment, pourquoi vous attendre à une récompense de Dieu ? Même les pécheurs en font autant ! Si vous ne saluez que vos frères, faites-vous quelque chose d'extraordinaire ? Même les païens en font autant ! Soyez donc parfait, tout comme votre Père qui est au ciel est parfait » (Matthieu 5 :43-48 ; Luc 6 :27-36).

La race de Dieu.

« Dieu est Esprit » (Jean 4 :24). Il n'a pas de couleur ni de race. La Source de la Vie est Unique pour toutes les femmes et tous les hommes de toutes les races.

Egalité de l'homme et la femme.

Tous les êtres humains de toutes les races, tous les hommes et toutes les femmes, sont créés par un seul et unique Dieu, la Source de la Vie Universelle. Tous les hommes et toutes les femmes sont des émanations de l'Esprit Universel. Tous les hommes et toutes les femmes sont créés à l'image de Dieu. **Tous les hommes et toutes les femmes sont égaux, en essence : tous les hommes et toutes les femmes ont la même dignité et les mêmes droits fondamentaux. Toutes les femmes doivent être traitées avec la même dignité humaine que les hommes.**

L'égalité en dignité humaine ne dépend ni de la race ni de la religion ni de la force physique. La dignité et les droits fondamentaux ne dépendent pas de la force physique. Malheureusement, les hommes confondent tout, et veulent conditionner la dignité et les droits fondamentaux aux considérations physiques et culturelles. Ce qui n'est pas normal !

Les coutumes, traditions et doctrines qui enseignent l'inégalité entre les hommes et les femmes ne sont pas divines. La relation entre l'homme et la femme doit être basée sur l'Amour et le respect mutuels, et non sur la soumission de la femme à l'homme. Car la soumission sous-entend infériorité de l'une à l'autre, et supériorité de l'un à l'autre, ou dans la pire des formes tyrannie et esclavage.

Des aliments.

Dieu ne recommande aucun régime alimentaire particulier. Car**, « ce n'est pas ce qui entre dans la bouche d'un Homme qui le rend impur. Mais ce qui sort de sa bouche, voilà ce qui le rend impur.** Ne comprenez-vous pas que tout ce qui entre dans la bouche de quelqu'un passe dans son ventre et sort ensuite de son corps ? Mais ce qui sort de la bouche vient du cœur, et c'est cela qui rend l'Homme impur. Car de son cœur viennent les mauvaises pensées qui le poussent à tuer, commettre l'adultère, vivre dans l'immoralité, voler, prononcer de faux témoignages et dire du mal des autres. Voilà ce qui rend l'Homme impur ! » (Matthieu 15 :11, 17-20)

« Dieu bénit Noé et ses fils en leur disant : Multipliez-vous et peuplez toute la terre… Tout ce qui remue et qui vit pourra vous servir de nourriture ; comme Je vous avais donné l'herbe verte, je vous donne maintenant tout cela. Cependant vous ne devez pas manger la viande qui contient encore la vie, c'est-à-dire le sang » (Genèse 9 : 1, 3, 4).

Chaque personne a une tolérance alimentaire qui lui est propre. Voilà pourquoi Dieu avait accordé le libre arbitre à toute personne. A chacun d'adopter le régime alimentaire qui convient à son organisme.

Du Sabbat.

La création Divine s'est faite en deux (2) phases : premièrement, la création purement spirituelle, c'est-à-dire la conception ; et deuxièmement, la création physique, la concrétisation matérielle ou la matérialisation. La création physique a pris plusieurs années. Elle n'a pas eu lieu en six (6) jours de vingt-quatre (24) heures comparables au temps présent. La science nous montre, grâce aux études des fossiles, que :

1-la vie des êtres vivants est apparue sur Terre, il y a 4 milliards d'années sous la forme de microorganismes unicellulaires ; 2-les premières plantes sont apparues il y a environ 500 millions d'années ; 3- les premières plantes à graines, les premiers vertébrés terrestres et les premiers arbres sont apparus il y a environ 400 millions d'années ; 4- les premiers mammifères ovipares, les premiers dinosaures sont apparus il y a environ 300 millions d'années ; 5- les premiers oiseaux, les premières plantes à fleurs, les mammifères marsupiaux sont apparus il y a environ 200 millions d'années ; 6- les premiers primates sont apparus il y a 66 millions d'années ; 7- l'Australopithèque africain est apparu il y a environ 4 millions d'années. Cf. **Echelle des temps géologiques** publié par

Https:// wikipedia.org/wiki%C3%89chelle…. Mis à jour le 6 décembre 2017.

Six jours, c'est le temps spirituel, en termes symboliques, les étapes de la création. Le Sabbat de Dieu (de l'hébreu, shabbat : repos) n'est donc pas un jour de la semaine. C'est le moment où l'activité de l'Esprit n'est plus orientée vers la matière ou l'extérieur, mais toute l'activité de l'Esprit est tournée et concentrée vers l'intérieur. C'est le moment où l'Esprit entre en Soi pour s'examiner, se ressourcer, se purifier et atteindre Sa plénitude. Ce moment est donc sanctifié, réservé uniquement à Dieu. L'Esprit rentre dans la pureté la plus absolue qu'aucun mot ne peut décrire. C'est ici que vous pouvez comprendre tout le sens du commandement selon lequel vous ne devez pas faire une représentation physique de Dieu ; car Dieu Infini ne peut pas être représenté par une image figée.

Toute personne est appelée à la pratique de cette retraite sabbatique pour réaliser sa nature divine. Assis tranquillement, vous oubliez le monde qui vous entoure et toutes vos préoccupations pour diriger toute votre conscience à l'intérieur de vous-même. Vous pensez à la pureté, au degré le plus élevé de la pureté du cœur. Vous expérimentez un autre niveau de conscience où vous pouvez entendre, voir et sentir sans votre corps physique. Ici s'abolissent le temps et l'espace. Puis vous entrez dans un autre niveau de conscience fait de béatitude qu'aucune matière ne peut vous procurer. C'est ici que les paroles du Sage prennent toute leur signification : « Heureux ceux qui ont le cœur pur, car ils verront Dieu. » L'objectif est d'atteindre la pureté la plus élevée pour pouvoir fondre en Dieu. Dans cet état d'esprit, personne ne voudra être dérangé. Cet état d'esprit n'a rien à avoir avec un simple rêve ni un simple voyage de l'âme ; car ici la pureté du cœur est exigée.

Comme vous le constatez, le Sabbat est un moment particulier et sanctifié ; mais qui ne demande pas un jour spécial. Voilà pourquoi l'accusation portée contre le Fils de l'Homme de violer le Sabbat (Luc 13 :10-17) n'a pas été valable. Car le Fils de Dieu, personnification de la Volonté Divine, ne pouvait pas violer la Loi Divine. C'est pour cette raison, connaissant le véritable Sabbat, qu'Il a déclaré : « Le Fils de l'Homme est maître du Sabbat » (Luc 6 :1-5).

Du Royaume des Cieux.

Le Ciel Christique ou le Royaume des cieux n'est pas un lieu physique situé quelque part dans l'espace cosmique. Il ne vient pas après la mort du corps physique. La Parole dit : **« Heureux ceux qui sont humbles, car le Royaume des cieux est à eux !» (Matthieu 5 :3) Et « Heureux ceux qu'on persécute parce qu'ils agissent comme Dieu le demande, car le Royaume des cieux est à eux ! » (Matthieu 5 :10).** Le Royaume des cieux est un état d'esprit. Il est ici et maintenant.

« Le Royaume des cieux ressemble à une graine de moutarde qu'un Homme a prise et semée dans son champ. C'est la plus petite de toutes les graines ; mais quand elle a poussé, c'est la plus grande de toutes les plantes du jardin : elle devient un arbre, de sorte que les oiseaux viennent faire leurs nids dans ses branches » (Matthieu 13 :31-32).

« Le Royaume des cieux ressemble à un trésor caché dans un champ. Un Homme découvre ce trésor et le cache de nouveau. Il est si heureux qu'il va vendre tout ce qu'il possède et revient acheter ce champ… » (Matthieu 13 :44, 45).

Le Royaume des cieux est au-delà de la race, du sexe, de la religion, de la richesse, du rang social. Le Royaume des Cieux est un état d'esprit fait de pureté du cœur. **« Oui, Je vous le déclare, c'est la vérité : personne ne peut voir le Royaume de Dieu s'il ne naît pas de nouveau » (Jean 3 :3).**

De la vie éternelle.

La vie éternelle ne vient pas après la mort du corps physique. C'est un niveau de conscience. « Oui, Je vous le déclare, c'est la vérité : Celui qui croit possède la vie éternelle » (Jean 6 :47). **« Oui, Je vous le déclare, c'est la vérité : si vous ne mangez pas la chair du Fils de l'Homme et si vous ne buvez pas son sang, vous n'aurez pas la vie en vous. Celui qui mange ma chair et boit mon sang**

possède la vie éternelle et je le relèverai de la mort au dernier jour » (Jean 6 :53, 54).

Du retour du Christ.

Pendant sa vie terrestre, les humains ne savaient pas que Celui qui était avec eux, au milieu d'eux, était le Verbe Divin. Même Jean le Baptiste, qui avait baptisé le Fils de l'Homme dans le Jourdain, a quelque fois eu des doutes sur Lui. En effet, « Jean-Baptiste, dans sa prison, entendit des œuvres du Christ. Alors il envoya quelques-uns de ses disciples demander à Jésus : "Es-tu le Messie qui doit venir ou devons-nous attendre quelqu'un d'autre '' » (Matthieu 11 :2, 3) ?

Les douze Apôtres aussi qui mangeaient et se promenaient avec Lui ne Le connaissaient pas réellement (Jean 14 :1-10). Les disciples sur la route d'Emmaüs ne savaient pas qu'Il marchait avec eux.

Et vous qui attendez Son retour, Le reconnaîtrez-vous ? Comment saurez-vous que c'est Celui-là Le Christ que vous attendiez ?

IL a dit « Si quelqu'un vous dit alors : "Regardez, le Messie est ici !'' Ou bien : "Il est là'', ne le croyez pas. Car de faux prophètes apparaîtront ; ils accompliront de grands miracles et des prodiges pour tromper, si possible, même ceux que Dieu a choisis. Ecoutez ! Je vous ai avertis à l'avance.

« Si donc on vous dit : "Regardez, il est dans le désert !'', n'y allez pas. Ou si l'on vous dit : "Regardez, il se cache ici ! ne le croyez pas. Comme l'éclaire brille à travers le ciel de l'est à l'ouest, ainsi viendra le Fils de l'Homme. Où que soit le cadavre, là se rassembleront les vautours » (Matthieu 24 : 23-28).

« Le Royaume de Dieu ne vient pas de façon spectaculaire. On ne dira pas : "Voyez, il est ici !" Ou bien :''Il est là !''Car, sachez-le, le Royaume de Dieu est au milieu de vous » (Luc 17 : 21). Le Royaume des cieux est en vous. Le Christ ne vous avait-il pas dit je suis avec vous tous les jours jusqu' à la fin des temps ?

Du Salut.

Le Salut c'est :

- La libération de l'Homme du joug de l'ignorance, de la superstition, des fausses croyances,
- La libération de l'Homme de l'emprise du diable, du péché,
- La libération de l'Homme de la pensée négative, des vibrations négatives,
- La libération de l'Homme de la prison du mal, de la haine, la violence, la cruauté, la méchanceté, la jalousie, la cupidité, l'animalité, la barbarie, la sauvagerie, l'égoïsme, la peur, l'angoisse, …
- La libération de l'Homme de l'esclavage des sens, du matérialisme, de la drogue, de l'alcoolisme, de l'addiction, …

Jésus-Christ a porté la croix et a été crucifié pour sauver l'Homme. Cette croix est le symbole de toutes les souffrances, des épreuves de la vie pour la libération. Il a sauvé l'Homme en lui montrant l'exemple : **Il a ouvert le chemin que chacun doit suivre pour être libre. Voilà pourquoi Il dit : « Que celui qui veut être mon disciple porte sa croix et me suive » (Luc 14 :27).**

Notez bien que Jésus-Christ ne dit pas "puisque Je porte la croix des péchés de tout le monde, que chacun laisse sa croix et me suive !" Jésus-Christ dit plutôt « Que celui qui veut être mon disciple porte sa croix et me suive. Celui qui voudra garder sa vie la perdra ; mais celui qui perdra sa vie pour moi la retrouvera » (Matthieu 10 :38, 39).

Porter sa croix, c'est brûler toutes les impuretés, tout ce qui est mauvais et bassesse d'esprit en soi. Il faut brûler toutes les impuretés en vous, bannir toutes les mauvaises pensées, tout ce qui est mauvais et péché en vous pour enfin avoir le cœur pur et voir Dieu. C'est cela le Salut.

Pour vous faciliter la tâche, Jésus-Christ vous dit : « Venez à moi vous tous qui êtes fatigués de porter un lourd fardeau et je vous donnerai le repos. Prenez sur vous mon joug et laissez-moi vous instruire, car je suis doux et humble de cœur, et vous trouverez le repos pour vous-mêmes. Le joug que je vous invite à prendre est facile à porter et le fardeau que je vous propose est léger » (Matthieu 11 : 28-30).

En termes simples : soyez humble et ayez le cœur pur et vous serez libre, vous aurez la conscience tranquille. Voilà le Salut, ici et maintenant.

Des pouvoirs "surnaturels".

Certaines personnes s'intéressent aux pouvoirs dits surnaturels.

Beaucoup de personnes sont étonnées, d'autres effrayées, par les phénomènes qualifiés de paranormaux. De ces phénomènes, nous pouvons citer : la voyance ou clairvoyance, la clairaudience, la télépathie, la télépsychie, la psychométrie, la perception extrasensorielle, la médiumnité, la lévitation, la télékinésie, la téléportation, le dédoublement, le magnétisme, l'hypnotisme, l'hypnose, la chirurgie immatérielle, le voyage de l'âme, la guérison des malades, l'opération des miracles et des prodiges ou thaumaturgie, …

Beaucoup de pasteurs et des croyants attribuent ces phénomènes au diable. Cela n'est pas étonnant ! Quelques-uns de ceux qui voyaient les miracles opérés par Jésus-Christ disaient que c'est Béelzébul, le chef des esprits mauvais, qui lui donnait ces pouvoirs (Luc 11 : 14- 23).

Dieu est Tout-Puissant. Il a le Pouvoir de faire tout, d'opérer toutes sortes de miracles et prodiges. Les pouvoirs dits surnaturels et les phénomènes qualifiés de paranormaux entrent dans la démonstration de la Puissance de l'Esprit.

Créé à l'image de Dieu, l'Homme a d'énormes pouvoirs cachés en lui, et qu'il ne soupçonne pas. Tous les hommes et toutes les femmes ont les pouvoirs qualifiés de surnaturels, sans le savoir. Jésus-Christ en a fait quelques démonstrations, et Il a dit : **« Oui, je vous le déclare, c'est la vérité : celui qui croit en Moi fera aussi les œuvres que je fais. Il en fera même de plus grandes… » (Jean 14 : 12).**

Les apôtres étaient émerveillés d'en accomplir quelques-uns. Mais, Jésus-Christ les avait mis en garde en leur disant : « …Ecoutez : Je vous ai donné le pouvoir de marcher sur les serpents et les scorpions et d'écraser toute la puissance de l'ennemi, et rien ne pourra vous faire du mal. Mais ne vous réjouissez pas de ce que les esprits mauvais vous obéissent ; réjouissez-vous plutôt de ce que vos noms sont écrits dans les cieux… » (Luc 10 : 17- 21). Jésus-Christ a aussi dit :

« Ce ne sont pas tous ceux qui disent : "Seigneur, seigneur" qui entreront dans le Royaume des cieux, mais seulement ceux qui font la volonté de mon Père qui est dans les cieux. Au jour du Jugement, beaucoup me diront : "Seigneur, Seigneur, c'est en ton nom que nous avons été prophètes ; c'est en ton nom que nous avons chassé des esprits mauvais ; c'est en ton nom que nous avons accompli de nombreux miracles. Ne le sais-tu pas ? " Alors Je leur déclarerai : " Je ne vous ai jamais connus ; allez-vous-en loin de moi, vous qui commettez le mal » (Matthieu 7 : 21- 23) !

Ces pouvoirs sont bien en vous, en chaque femme et en chaque homme ; il suffit de les développer. Cependant, ces pouvoirs ne vous assurent pas le Salut ni le Royaume des cieux. Sachez que le plus grand dans le Royaume des cieux n'est pas celui qui est le plus puissant, le plus fort, le plus riche, le plus érudit, le plus diplômé, le plus âgé ; c'est plutôt celui qui est humble : « Celui qui est le plus petit parmi vous tous, c'est lui qui est le plus grand [dans le Royaume des cieux] » (Luc 9 : 46- 48).

Pour tous ceux qui recherchent les pouvoirs surnaturels, le Christ vous dit : « Cherchez d'abord le Royaume de Dieu et la vie juste que Dieu demande, et vous aurez aussi tout le reste. »

De la prière

Beaucoup de personnes s'imaginent que prier, c'est aller à l'église, au temple, a la synagogue ou à la mosquée. D'autres personnes croient qu'occuper des fonctions à l'église, exercer des services religieux, chanter des cantiques à l'église, officier un culte religieux est suffisant pour être agréable à Dieu.

Prier, c'est vivre et agir en harmonie avec les lois de la Nature ou les lois divines. Les simples paroles ou les vœux pieux ne suffisent pas. Il faut agir, poser des actes concrets pour réaliser les objectifs visés.

Si vous priez pour le pain quotidien, vous ne devez pas rester paresseux, nonchalant, oisif ou croiser les bras, attendant que Dieu fasse tout sans que vous ne travailliez. Celui qui prie pour le pain quotidien ou l'amélioration des conditions de vie doit travailler dans le même sens.

Si vous priez pour le pardon, vous devez d'abord pardonner aux autres (Mt 6 :12).

Certaines personnes prient pour la bonne santé pendant qu'elles ne respectent pas les règles d'hygiène, elles polluent l'environnement sans aucun souci.

Tout en priant pour la paix, beaucoup des personnes continuent de transgresser les règles de savoir vivre en société, les lois de communication non violente et de coexistence pacifique, affichent des comportements belliqueux exprimant la violence tant morale que physique.

Dieu n'est pas limité et son message n'est pas figé. Il transcende le temps et l'espace. Le message divin pour un monde meilleur prend en compte les défis du moment. Jésus avait dit : « Allez partout, chassez les démons, guérissez les malades… ». Les malades d'aujourd'hui ce sont les analphabètes à alphabétiser, les ignorants à instruire, les chômeurs à employer, c'est aller au secours de ceux qui vivent dans le désespoir. Au lieu de dire aux affligés qu'ils sont sous l'emprise du diable, il vaut mieux leur apprendre comment vaincre le diable et obtenir la victoire sur les forces du mal.

En fait, la prière ne consiste pas à quémander. Elle consiste à créer ce dont on a besoin, à l'image de Dieu.

Un vrai croyant se reconnait dans son être et son agir par ses qualités et vertus telles que la compassion, l'amour, l'humilité, l'altruisme, l'honnêteté, la pureté de son aura… Votre niveau d'élévation spirituelle se révèle à travers vos pensées, vos sentiments, vos émotions, vos paroles, vos gouts, vos choix, vos actes et votre comportement.

Les facultés psychiques ou parapsychiques (voyance, clairaudiance, …) ne sont pas la preuve d'une haute spiritualité.

La prière va de pair avec la loi d'attraction.

Il arrive que vos prières ne donnent pas des résultats positifs que vous attendiez. On vous dit alors de beaucoup prier avec foi. Que signifie alors beaucoup prier ?

Prier, c'est augmenter le taux vibratoire de vos énergies positives. Toute prière qui ne se manifeste pas par l'élévation du taux vibratoire des énergies ne produit aucun résultat positif. Si, par exemple, vous ressentez avec force la peur d'échouer à un examen, votre prière pour la réussite sera un échec. La loi d'attraction intervient, à votre insu, comme par miracle. Lorsque vous ressentez la peur, vos vibrations vont imprégner votre examen et y laisser leur marque sur ce que vous touchez. Les énergies négatives lourdes de vos émotions négatives telles la peur, l'angoisse, le doute, la tristesse, le manque de confiance en soi empêchent l'exaucement positif de la prière.

Elever le taux vibratoire de vos énergies, de votre aura, consiste d'abord à purifier vos énergies, pensées, sentiments, émotions, qu'elles soient positives, puis à les augmenter.

Prier, c'est aussi travailler pour le bien personnel et des autres.

D'autres prières ne sont pas exaucées. Dieu ne répond pas parce qu'il veut que vous changiez votre niveau de conscience, voir et comprendre les choses autrement.

De la perfection.

La vie est belle. Le monde est beau. L'Univers est parfait. Eh oui ! Tout ce qui est sorti de Dieu est bon et parfait. Malheureusement, beaucoup de personnes, et c'est la grande majorité, croient que le monde est imparfait. Pour empirer les choses, certains pasteurs clament encore fort que « Nul n'est parfait. Et la perfection n'est pas de ce monde ».

On a inculqué tout un tas de suggestions négatives qui attirent les humains vers le bas, les empêchant ainsi de s'élever spirituellement. Les suggestions négatives, les fausses croyances, véhiculent des énergies lourdes et sombres qui obscurcissent votre aura. Et lorsque votre aura est sombre, elle assombrit votre vision et le monde vous parait, désormais, sombre et imparfait.

Ceux qui croient que le monde est imparfait doivent savoir que ce n'est pas le monde qui est imparfait, mais plutôt leur propre vision du monde qui est fausse. Ils sont comme des daltoniens qui voient le rouge à la place du vert.

Comment le Dieu omniscient et omnipotent, le Dieu parfait, pouvait-il créé un monde imparfait ? Ceux qui croient à l'imperfection du monde n'ont jamais compris ce qu'est la perfection.

La perfection, c'est le fonctionnement normal et cohérent d'un mécanisme donné. Pensez au soleil qui brille sans faille depuis plus de 4 milliards d'années. Comment les gaz qui alimentent le soleil ne tarissent-ils pas ? Pensez aux lois de la Nature qui régissent le monde.

Il ne faut pas comprendre la perfection du monde comme n'ayant rien à améliorer. Le monde est parfait dans ce sens que son fonctionnement obéit exactement aux lois qui le régissent. Grace à la loi d'attraction ou des polarités, chacun récolte ce qu'il sème, chacun attire dans sa vie des situations et des personnes qui correspondent à ses vibrations.

Comprenez que si vous êtes chargé d'énergies lourdes, désagréables, vos énergies négatives vous feront voir et attirer ce qui est désagréable et impur. Vous attirez à vous, dans votre vie ce qui correspond à vos vibrations. C'est la loi d'attraction. L'imperfection perçue par les humains se trouve bel et bien dans leur conscience. Il est dit : « L'extérieur est la copie de ce qui est à l'intérieur ».

La compréhension du monde, des situations qui apparaissent au monde, dépond du niveau de conscience de chacun. Nous vivons dans un même monde, mais nous le voyons différemment, chacun selon son niveau de conscience. Plus élevé est votre niveau de conscience, plus large est votre compréhension de la vie.

« Dites-moi ce que vous pensez, aimez et faites, et je vous dirai qui vous êtes ».

« Dites-moi ce que vous pensez et ressentez, et je vous dirai quel est votre niveau de conscience ».

Il est très important de savoir que votre corps est le temple de l'Esprit saint. Chaque personne, sans distinction aucune, héberge en son sein l'Esprit saint. Votre organisme, votre vie, votre destin sont régis par les lois de la Nature. Si donc vous aller à l'encontre de ces lois, vous créez un malaise, une maladie ou la souffrance.

La recherche de ce qui est agréable, raffiné, poli, pur, subtil, sublime, vient de l'Esprit saint en vous. L'Esprit est parfait, mais votre corps ne s'adapte toujours pas aux vibrations de l'Esprit en vous. La disharmonie entre corps et Esprit provoque le trouble, l'inconfort, la maladie et la souffrance. La maladie est un message du corps qui signifie que l'harmonie corps Esprit est rompue.

Si vous entretenez des pensées et des émotions négatives, si vous avez des gouts et des choix discordants et chaotiques, votre aura attirera vers vous des « imperfections », c'est-à-dire des situations désagréables qui, pourtant, correspondent à vos vibrations.

Certaines situations qui vous paraissent désagréables sont des stimuli pour votre avancement, pour votre éveil. Job a été tenté par Satan avec la permission de Dieu (Job 1 ; Job 42 :10-16), et Jésus aussi a été tenté selon le plan de Dieu (Mt 4 :1-11).

Les fausses croyances, les suggestions négatives, les chansons et images véhiculant des émotions négatives désagréables sont autant d'énergies impropres à la perception de ce qui est parfait.

Chaque pensée, chaque sentiment, chaque émotion, chaque parole est une vibration et correspond à une forme, une couleur, un son et un parfum.

« Tout est pur pour ceux qui sont purs, mais tout est impur pour ceux qui sont impurs car leur intelligence et leur conscience sont marquées par l'impureté » (Tite 1 :15).

« Le Seigneur, c'est moi et personne d'autre. A part moi, il n'y a pas de dieu. Tu ne me connais pas, mais je te mets au travail. D'un bout du monde à l'autre on connaitra ainsi qu'en dehors de moi il n'y a rien. Le Seigneur, c'est moi et personne d'autre. Je fais la lumière et je crée l'obscurité. Je procure le bonheur et je crée le malheur. Oui, c'est moi, le Seigneur, qui réalise tout cela » (Esaïe 45 : 5-7).

V - LA MAÎTRISE DE LA PENSEE

« Le Seigneur prit l'Homme et l'établit dans le jardin d'Eden pour le cultiver et le garder. Il lui fit cette recommandation : Tu peux manger les fruits de n'importe quel arbre du jardin, sauf de l'arbre qui donne la connaissance de ce qui est bon ou mauvais. Le jour où tu en mangeras, tu mourras » (Genèse 2 :15-17).

En d'autres termes, Dieu plaça l'Homme au milieu de la Nature pour en jouir et en prendre soin. Et Il lui dit : Tu n'auras pas de mauvaises pensées dans ton cœur. Le jour où tu en auras, tu deviendras impur, et tu en subiras les mauvaises conséquences.

L'éducation rationnelle de la pensée est une nécessité compte tenu de l'implication de la pensée dans tout le fonctionnement de l'organisme et le devenir humains.

Identification des pensées.

Assis confortablement, les yeux fermés ou ouverts, observez pendant cinq à dix minutes le cours de vos pensées. Identifiez les différentes pensées ou idées qui traversent le champ de votre conscience, et notez-les si possible. Puis, répondez à la question suivante : A quoi avez-vous pensé ? ou Quelles sont les différentes pensées qui vous viennent à l'esprit ?

Lorsque vous faites cet examen de conscience, cette observation, avec beaucoup d'attention, vous remarquerez qu'il y a beaucoup d'idées qui traversent votre mental en tous sens. Ces pensées concernent diverses situations de la vie : la santé, l'argent, le foyer, l'amour, les vêtements, la nourriture, les loisirs, les souvenirs, …

En cinq minutes environ, vous avez pensé à plusieurs situations. Vos pensées ne sont pas fixes ; elles changent à tout moment. Certaines de ces idées qui vous arrivent ne vont rien vous apporter de bon ; d'autres encore sont indésirables, pénibles, terribles.

Ce constat prouve que vous n'êtes pas maître de vos pensées. Vous ne maîtrisez pas vos pensées, votre mental.

L'objectif de votre retraite est d'apprendre à contrôler, puis maîtriser vos pensées, votre mental. Car, le démon se manifeste par un mental désaxé.

Contrôle de la pensée (Observation et analyse lucide).

Assis tranquillement et confortablement, les yeux fermés ou ouverts, observez les pensées ou les idées qui arrivent ou traversent votre champ de conscience.

Quelle est la pensée qui arrive à cet instant précis ? Identifiez-la, et suivez-la attentivement, avec lucidité. Etudiez sérieusement chaque pensée qui surgit dans votre entendement. Analysez-la, cherchez à la comprendre. Cherchez à comprendre : d'où vient cette pensée ? Pourquoi cette pensée vous est-elle parvenue ? Quel est son message ? Quels avantages ou inconvénients présent-t-elle ?

Notez bien que chaque pensée qui surgit à la conscience doit être analysée et comprise avant de la rejeter ou la retenir. Cette démarche est valable pour les idées qui surgissent du fond de votre cœur, et des idées qui vous sont suggérées ou présentées par d'autres personnes.

« Au commencement, l'Homme était pur. En tant qu'Âme, il est venu en ce monde sans excès de bagage, mais ensuite il créa le mental ou intellect inférieur. Lorsqu'il eut cessé de le contrôler, cette faculté continua de créer avec excès et devint la cause de sa chute. La psychologie l'appelle "le subconscient", et la chrétienté dit que c'est "le diable". » Paul Twitchell, Maître ECK.

Rétention de pensée.

Après avoir étudié et compris une pensée qui surgit à la conscience, interrogez-vous : cette pensée est-elle bonne et avantageuse pour vous et autrui ? Cette pensée ne porte-t-elle pas atteinte à la pureté de votre cœur ?

Si vous croyez que la pensée analysée est bonne et avantageuse pour vous, alors retenez-la, mémorisez-la et ménagez-la soigneusement. Vous pouvez la noter dans un carnet pour enfin l'utiliser au moment opportun.

Si, au contraire, l'idée ne contribue pas à votre idéal de vie, si elle est contraire à la loi d'amour, alors, rejetez-la et oubliez-la définitivement.

Refusez toute mauvaise pensée, toute pensée négative. Ceci est d'une importance capitale.

Certaines personnes demandent comment savoir qu'une pensée est bonne ou mauvaise.

Disons qu'une pensée est bonne si elle est en harmonie avec l'amour et la justice divins. Une telle pensée contribue à la pureté de votre cœur, et permet votre véritable évolution et celle d'autrui.

Toute pensée ou tout acte en contradiction avec la Justice Divine entraînent, tôt ou tard, des conséquences négatives, et vous en payerez un prix sous forme de situations pénibles ou douloureuses. Voilà pourquoi nous ne cesserons pas d'insister sur le fait de ne jamais garder des pensées négatives quelles qu'elles soient.

Ayez toujours des pensées positives quelles que soient les circonstances.

Concentration de pensée.

Pendant la phase de la rétention de pensée, vous avez analysé, puis retenu une pensée positive et avantageuse pour vous. A présent, votre travail consiste à vous concentrer uniquement sur cette unique pensée, un seul but, un objectif unique à atteindre.

Parmi les pensées positives, prenez une seule pensée, tout en laissant les autres de côté, même si celles-ci sont aussi bonnes et avantageuses. Vous ne pouvez pas suivre deux lièvres à la fois. Pour l'instant donc, vous devez vous concentrer uniquement sur une seule pensée pendant un laps de temps allant de cinq à trente minutes. Ce temps de méditation dépend de vous-même.

Pendant ce temps de méditation, vous restez concentré sur la seule pensée, le seul thème ou but. Ne soyez pas crispé. Soyez détendu. Pensez beaucoup, fortement et intensément à cette pensée que vous avez choisie. Pensez-y dans tous les détails. Ecartez toutes pensées qui ne concernent pas le thème retenu.

Si, par exemple, vous travaillez sur la pureté du cœur, vous allez, pendant cinq à trente minutes, uniquement penser à la pureté du cœur et tout ce qui s'y rattache. Vous éviterez donc de penser à autre chose. Vous oubliez tous les autres sujets qui ne concernent pas la pureté du cœur.

Cela doit devenir une habitude pour vous. Lorsque vous pensez à un sujet, concentrez toute votre pensée, tout votre cœur, toute votre intelligence, toute votre âme et toute votre force sur ce sujet pendant longtemps. Oubliez tout le reste. Mais, une fois de plus, faites bien attention : toute mauvaise pensée doit être évitée pour ne pas subir des conséquences négatives dans votre vie. Cet avertissement doit être pris au sérieux. Le Maître a dit : « Heureux ceux qui ont le cœur pur, car ils verront Dieu. » Mais, Il a aussi averti : « Malheur à ceux qui ont des mauvaises pensées… »

Ayez toujours des pensées positives quelles que soient les circonstances !

Changement volontaire de pensées.

Après avoir analysé une pensée pendant environ cinq minutes, ou après avoir médité durant trente minutes sur un sujet, arrêtez le cours de vos pensées, et pensez à autre chose ; changez d'activité.

Vous devez être capable de changer volontairement le sujet de votre méditation. Prenez d'abord une pause. Donnez-vous un temps de recréation. Passez à un divertissement sain avant de procéder à une autre réflexion.

Pour arriver à changer d'idée, vous pouvez chanter, écouter la musique positive, faire un travail manuel, faire une marche rapide ; observer les animaux ou les insectes, admirer les plantes, causer avec un ami, etc. … Quelle que soit la forme de divertissement choisie, ce qui importe c'est de changer d'idées, de passer d'une idée à une autre. Ne soyez pas tendu. Relaxez-vous.

Les personnes qui arrivent à se détacher de leurs préoccupations habituelles, pour s'intéresser aux petites choses, développent une âme jeune ; elles sont comme ces petits enfants à qui appartient le Royaume des cieux (Matthieu 18 : 3, 4).

Le silence de la pensée.

L'Homme moderne est habitué aux bruits, au tumulte. Certaines personnes éprouvent même de l'inquiétude dans un milieu silencieux. Même les personnes qui sont à l'église, dans un lieu de culte, il leur est difficile de faire silence. L'Homme a peur du silence ; il aime le bruit.

Après avoir beaucoup travaillé, fatigué, l'Homme a besoin du repos. Il a droit au repos. Plus encore, il a le devoir de se reposer pour se restaurer, pour refaire ses énergies, se ressourcer.

Lorsqu'on a beaucoup réfléchi, on est tendu ; on a parfois mal à la tête. On a le devoir de se reposer, d'apaiser ses pensées.

Pourtant, l'Homme qui a besoin de repos ne sait pas faire silence, le vrai silence.

Ici, vous devez apprendre à faire silence, à rentrer dans le silence, le vide. Toutefois, veillez à avoir un état d'esprit positif. Ne faites jamais le vide de la pensée si vous avez des pensées négatives, des idées noires. Entourez-vous d'abord des pensées d'amour pour vous-même et pour autrui.

Assis tranquillement et confortablement, les yeux fermés ou ouverts, veillez à ce que rien ne vous indispose physiquement et psychologiquement. Aucune tension musculaire. Relaxez-vous bien. Respirez profondément. Ecoutez votre respiration pendant que celle-ci ne produit aucun bruit. Puis, la conscience positive, videz votre mental de toutes sortes de pensées, désirs, préoccupations, souvenirs, …Votre mental doit être calme, silencieux et tranquille comme la surface d'une eau dormante, immobile. Votre mental reste au repos, au-delà de tous les besoins et soucis ; au-delà de la peur, du doute et de l'ambition ; au-delà du blâme et des éloges ; au-delà de l'espérance…

Vous écoutez la Voix du silence… Et lorsque vous serez prêt, vous entendrez la Voix du silence …. « Lorsque le disciple est prêt, le Maître apparaît. »

« Si vous m'aimez et mettez en pratique mes commandements, Je me révélerai à vous » (Jean 14 :21).

VI - LA MAÎTRISE DES PENCHANTS

Identification et analyse des penchants.

Le miroir spirituel vous présente les aspects positifs et les aspects négatifs du genre humain. Voici ci-dessous une liste non exhaustive de ces aspects.

Aspects positifs.

Pureté- propreté- ordre- discipline- ponctualité- vigilance- justice- droiture- honnêteté- franchise- clarté- sincérité- transparence- vérité- loyauté- fidélité- dévouement- application- résolution- responsabilité- activité- enthousiasme- audace- courage- habilité- vivacité- objectivité- liberté- lucidité- compréhension- pénétration- profondeur- circonspection- fermeté- logique- scrupule- prudence- respect- délicatesse- modération- humilité- tempérance- douceur- calme- silence- paix- sérénité- maîtrise de soi- modestie- non-attachement- tranquillité d'esprit- réconciliation- pardon- miséricorde- altruisme- amour- charité- compassion- confiance- foi- optimisme- connaissance- joie- bonheur- patience- persévérance- endurance- force- évolution- sûreté- cordialité- solidarité- fraternité- bonté- indépendance- ouverture d'esprit- spiritualité- espoir- espérance...

Aspects négatifs.

Impureté- saleté- désordre- indiscipline- retard- violence- brutalité- injustice- cruauté- méchanceté- agitation- colère- bruit- tumulte- querelle- bagarre- dispute- insulte- injure- moquerie- impudicité- mensonge- médisance- calomnie- hypocrisie- fourberie- tricherie- vol- convoitise- jalousie- vantardise- exhibitionnisme- orgueil- égoïsme- égocentrisme- haine- barbarie- sauvagerie- sadisme- animalité- vengeance- rancune- fatalisme- pessimisme- peur- doute- angoisse- tristesse- tourment- découragement- instabilité- frivolité- superstition- impatience- vampirisme- criminalité- délinquance- tyrannie- dictature- obscurantisme- intimidation- matérialisme- malhonnêteté- infidélité- lutte- concurrence- complexe- ingratitude- servitude- soumission- esclavage-

inquiétude- ignorance- timidité- avidité- avarice- cupidité- indiscrétion- ruse- malice- paresse- négligence- emportement- légèreté- lourdeur- frustration- anxiété- amertume- culpabilité- agressivité- amorphie- solitude- distraction…

Les aspects négatifs sont des défauts, des manquements, qui doivent être corrigés grâce à l'effort et la volonté de chacun.

Identifiez tous les manquements ou les aspects négatifs dans votre manière de vivre, puis analysez-les. Passez-les au crible de la raison. Examinez-vous minutieusement en vous posant les questions ci-après, pour chaque manquement identifié :

-Pourquoi éprouvez-vous tel manquement ? (Nommez le manquement que vous analysez à cet instant).

-Quels avantages et inconvénients présente-t-il pour votre vie ? Et pour autrui ?

-Ce manquement vous rapproche-t-il de Dieu ? Ce manquement vous permet-il d'avoir le cœur pur ?

Votre analyse doit vous amener à comprendre le mal, les inconvénients de chaque manquement ou défaut. Comprendre et se convaincre que vos défauts sont la source de vos difficultés, du manque de paix et de bonheur. Sachez bien que seule la prise de conscience amène le véritable changement intérieur. Souvenez-vous du Maître qui a dit : « Personne ne peut voir le Royaume de Dieu s'il ne naît pas de nouveau » (Jean 3 :3).

Si vous êtes convaincu que tout ce qui est négatif attire le mal et repousse le bien, alors prenez la décision de changer votre ancienne manière d'être, de penser et d'agir.

Détestez et bannissez tout ce qui est négatif. Nettoyez tout ce qui est négatif en vous. Concentrez-vous sur les aspects positifs pour avoir le cœur pur, et connaître la paix et le bonheur.

« Ce que vous pensez, vous le devenez.

Ce que vous dites est comme une graine qui germera

Dans l'avenir et portera beaucoup de fruits.

Ce que vous faites dans le présent, vous prépare

Un avenir semblable à ce que vous avez pensé, dit et fait.

Telle est la loi, et dans son principe, elle est juste. »

S. M. HAMSANANDA

« Heureux ceux qui lavent leurs vêtements, et qui ont ainsi le droit de manger les fruits de l'arbre de la vie et d'entrer par les portes dans la ville » (Révélation 22 :14).

Comment cultiver les aspects positifs.

« Vous êtes créé à l'image de Dieu :

Soyez saint comme l'Esprit Saint ;

Ayez toujours des pensées positives quelles que soient les circonstances.

Heureux ceux qui ont le cœur pur, car ils verront Dieu. »

Pour réussir sa vie et vivre en paix, l'Homme doit d'abord se connaître, connaître ce qu'il est, ce qu'il peut et vaut, connaître le but de sa vie, et connaître comment atteindre son but.

En ce qui vous concerne, vous devez savoir et être conscient de la vérité suivante :

''Vous êtes créé à l'image de Dieu.''

Cherchez à mieux comprendre ce secret, et votre vie prendra un tournant positif et décisif. Ce n'est pas pour rien que Jésus-Christ a dit : **« Cherchez d'abord le Royaume de Dieu et Sa Justice, et vous aurez tout le reste »** (Matthieu 6 :33).

Concentrez-vous sur cette vérité, et répétez-la plusieurs fois par jour :'' vous êtes créé à l'image de Dieu.'' Concentrez toute votre pensée, tout votre cœur, toute votre intelligence, toute votre âme et toute votre force sur cette vérité pendant longtemps. Oubliez, à l'instant, toutes vos préoccupations. Ceci étant, prenez la ferme décision d'avoir le cœur pur pour voir le meilleur arriver.

"Puisque vous êtes créé à l'image de Dieu :

Soyez saint comme Dieu ;

Ayez toujours des pensées positives quelles que soient les circonstances ;

Ayez le cœur pur et la conscience positive."

Puisque vous êtes créé à l'image de Dieu, vous pouvez être saint maintenant, et vous devez être saint.

Vouloir c'est pouvoir.

Discipline de la volonté.

Tout le monde répète le dicton : « Vouloir c'est pouvoir. » Mais, vouloir n'est pas un simple souhait ni un vœu pieux. Beaucoup de personnes pensent qu'il suffit simplement de vouloir, dans la prière, pour que tout marche bien.

Vouloir c'est être déterminé à atteindre un objectif ; c'est faire des efforts. Tout bon effort nécessite une discipline. Comprenez que tous les grands sportifs, tous les génies en arts sont arrivés à accomplir des grandes choses, battre des records, produire des chefs-d'œuvre, grâce à la pratique assidue, à l'entraînement, à une discipline intense, à des efforts persévérants.

Pour développer une volonté puissante, vous devez vous livrer à une certaine discipline de vie. Sachez que vivre est un art qui s'apprend.

Voici ci-dessous à titre indicatif quelques exercices à faire, obligatoirement, si vous voulez bien développer votre volonté et vaincre vos défauts, le mal en vous.

Exercices.

1-Lavez la vaisselle aussitôt après le repas.

2- Gardez silence dès que vous accédez à un lieu de culte (église, temple, mosquée, grotte, …).

3- Faites un vœu positif en faveur de chaque personne que vous rencontrez sur votre chemin. Exemples :

''Bonne journée !''

'' Bonne chance !''

'' Soyez béni !''

4- Ne parlez pas d'une personne absente (sauf en vue d'une assistance).

5-Ne parlez pas des affaires qui ne vous concernent pas directement (sauf des situations humanitaires).

6- Ecoutez attentivement une personne sans l'interrompre.

7- Ne discutez pas les choix, les goûts ou les opinions d'une personne, en rapport avec sa vie privée.

8- Pendant que vous assistez à un culte, concentrez-vous sur la pureté du cœur, et oubliez toute autre préoccupation.

9- Résistez à l'envie de gratter lorsque vous sentez des démangeaisons.

10- Faites des longues marches à pieds ou un travail manuel qui vous demande beaucoup d'effort.

Voici quelques instructions à suivre :

-Parlez calmement, sans précipitation, avec douceur, assurance et ferme conviction.

-Parlez pour dire ce qui est positif : pas de mauvaises paroles, pas d'injure, pas d'insulte, pas de plainte, pas de lamentation, pas de médisance, pas de commérage, pas de moquerie…

-Ne dites que ce que vous connaissez réellement avec preuve.

-N'affirmez ni ne confirmez rien sans preuve.

-Ne dites rien dans l'intention de faire du mal à autrui (mais dites la vérité lorsque cela est nécessaire et obligatoire).

-Bénissez, ne maudissez pas.

-Soyez franc, honnête et humble dans vos propos ; bannissez toute arrogance.

-Ne promettez rien sans garantie.

-Ne vous vantez pas ; ne vantez pas vos mérites.

-Ne répondez pas aux injures des autres à votre égard :'' on répond aux imbéciles par le silence.''

-Ecoutez votre interlocuteur attentivement, avec intérêt, sans l'interrompre.

-Pensez à la pureté de votre cœur avant de parler.

-Ne parlez pas avant d'avoir pesé les avantages et les inconvénients quand vous sentez monter la colère.

VIII - LA MAÎTRISE DE L'EMOTIVITE (sentiments et émotions)

« Le Seigneur dit à Caïn : "A quoi bon te fâcher et faire si triste mine ? Si tu réagis comme il faut, tu reprendras le dessus ; sinon, le péché est comme un monstre tapi à ta porte. Il désire te dominer, mais c'est à toi d'en être le maître » (Genèse 4 :6,7).

Voici, donc, quelques instructions à suivre :

-Gardez votre sang-froid, comme un samouraï, devant les événements et les circonstances désagréables.

-Soyez fort, courageux et endurant.

-Ne soyez pas impressionné par les bruits discordants, le vacarme, le tintamarre des véhicules, l'odeur désagréable.

-Ne soyez pas impressionné par l'aspect des êtres ni des choses.

-Ne soyez pas affecté par la tristesse ni la mauvaise humeur des autres : soyez compatissant mais pas triste, en cas de malheur.

-Ne soyez jamais perturbé par l'attitude, les paroles ou le comportement des autres.

-Soyez imperturbable, impossible à déconcerter par les circonstances.

-Gardez votre calme devant les blâmes et les éloges.

-Ne vous énervez pas, ne vous mettez pas en colère.

-Ne parlez pas quand vous sentez monter la colère.

-Gardez le moral toujours haut quelles que soient les situations.

-Restez indifférent aux injures des autres à votre égard, tout en gardant votre cœur pur.

La Parole dit : « Ensuite Le Seigneur Dieu planta un jardin au pays d'Eden pour y mettre l'être humain qu'Il avait façonné. Il fit pousser du sol toutes sortes d'arbres à l'aspect agréable et aux fruits délicieux. **Il mit au centre du jardin l'arbre de la vie, et l'arbre de la connaissance du bien et du mal** » (Genèse 2 :8, 9).

Le Texte parle de l'arbre de la connaissance du bien et du mal.

Pourquoi le mal ?

Confronté à de pénibles épreuves, l'Homme se plaint, se lamente, proteste et accuse tantôt autrui, tantôt la Nature, tantôt Satan, tantôt Dieu.

A certains moments, l'Homme croit que Dieu est injuste. Pendant la guerre, lors des catastrophes naturelles, en cas d'épidémie, l'Homme pense que Dieu est indifférent au sort humain.

Pourquoi Dieu n'intervient-il pas en cas de difficulté, devant le mal ?

Pourquoi Dieu permet et tolère-t-Il que le mal arrive ?

Quelle est l'attitude de Dieu vis-à-vis de la souffrance humaine ?

Devant la question du bien et du mal, certaines personnes pensent que le bien vient de Dieu, et le mal est l'œuvre de Satan, du diable.

Peut-être !

Mais, si tout a été créé par Dieu : d'où vient Satan ?

Satan et le diable n'ont-ils pas été créés par Dieu ?

Si vous dites que Satan n'a pas été créé par Dieu, cela revient à dire que votre Dieu n'est pas unique.

Si Satan a été créé par Dieu omniscient, le Dieu Créateur de toutes choses, Dieu a-t-il donc commis des erreurs dans cette création ? Dieu savait-Il le futur de ce qu'Il avait créé ?

La Parole dit : « **Après avoir examiné tout ce qu'Il a créé, Dieu se réjouit : tout est bon, tout est parfait » (Genèse 1 : 31)**.

Pourquoi donc le mal ?

Observez la Nature !

La Nature est composée d'une diversité impressionnante de choses, de végétaux, d'insectes, d'oiseaux, d'animaux, d'hommes et de femmes. Certains de ces éléments sont nuisibles et dangereux. Pourquoi Dieu les a-t-Il créés ? Etudions la Nature, peut-être qu'elle nous fournira des réponses.

La chaîne alimentaire.

Pour vivre, les êtres vivants ont besoin de nourriture. Pour cela, ils établissent des relations alimentaires entre eux. L'ensemble de ces relations est appelé **chaîne alimentaire**. Dans la chaîne alimentaire, chaque être vivant mange un autre être.

La chaîne alimentaire comprend trois (3) types de maillons jouant chacun un rôle essentiel dans le cycle de la vie. Les trois maillons sont :

-Les producteurs ;

-Les consommateurs ;

-Les décomposeurs.

Les producteurs sont des êtres vivants se trouvant au début de la chaîne alimentaire. Ce sont les végétaux chlorophylliens se nourrissant de substances minérales.

Les consommateurs, pour grandir et croître, ont besoin de consommer d'autres êtres vivants. Ici, nous avons les végétariens et les carnivores.

Les décomposeurs : c'est l'ensemble constitué des microorganismes, bactéries, moisissures, vers, larves, asticots, acariens, champignons, …

Les décomposeurs se nourrissent de feuilles mortes, bois mort, cadavres de toutes sortes, d'excréments. Ils décomposent tous ces débris ou déchets, les transform et les restituent à la Nature sous la forme d'éléments minéraux qui seront la nourriture pour les végétaux (les producteurs de la chaîne). Les décomposeurs sont chargés de nettoyer la Nature et de recycler les êtres vivants décédés en matière organique.

« La chaîne alimentaire permet de comprendre le cycle de la vie sur terre. Cette chaîne est indispensable à toute vie terrestre. Elle permet de comprendre le rôle de chaque être vivant et l'équilibre de la vie sur terre. » C'est grâce à la chaîne alimentaire que s'établit l'équilibre des écosystèmes.

Le microbiote intestinal humain.

Anciennement dénommé flore intestinale ou flore microbienne, le microbiote intestinal humain est l'ensemble des bactéries, champignons et autres microorganismes vivant au sein de l'organisme humain. Le microbiote intestinal humain contient environ cent milliards (10^{14}) bactéries ou microorganismes d'environ mille espèces. C'est un écosystème complexe bien reconnu pour son impact sur la santé et le bien-être de l'Homme. En effet, les microorganismes du microbiote intestinal sont des décomposeurs de la chaine alimentaire. Ils nettoient tous les déchets qui tapissent le trajet gastro-intestinal. Les aliments non digérés au niveau de l'intestin grêle sont fermentés par le microbiote intestinal dans le côlon. « Le microbiote intestinal humain contribue à la maturation du système immunitaire et assure la protection contre certaines maladies (obésité, colite, …) ».

Comprendre l'importance de ce qui semble inutile c'est comprendre la Sagesse Divine.

L'importance des serpents.

Beaucoup de personnes ont peur des serpents et les détestent. Toutefois, les serpents ont leur importance dans l'écosystème et dans la vie de l'Homme.

Dans la chaîne alimentaire, le serpent mange les petits rongeurs (les rats), les amphibiens (grenouilles, crapauds), les oiseaux, etc. A son tour, le serpent est mangé par les oiseaux de proie (aigle, vautour) et les animaux (renard, Homme).

L'orvet se nourrit de petites limaces considérées par les jardiniers comme des parasites. Il aide à préserver les légumes et les plantes ornementales.

Les venins des serpents sont une source de toxines utiles pour la fabrication des sérums.

« Les applications des toxines sont au final très variées : elles portent sur la douleur (analgésiques), les systèmes cardiovasculaires et sanguin (propriétés antihémorragiques), le traitement de l'épilepsie, la récupération des nerfs endommagés, l'ophtalmologie (traitement du strabisme et du spasme de la paupière), les cancers ou encore les métastases. »

Cf. **toxinesanimales.blogspot.com/p/venin-et-medecine.html**

Outre les quelques informations données ici, vous pouvez encore vous informer sur l'importance et le rôle des abeilles dans la pollinisation et la fabrication du miel ; l'importance des végétaux dans l'alimentation et la santé, etc.

Pour traiter le panaris, certains praticiens traditionnels africains écrasent un cafard et en mettent en bandage sur le doigt malade.

Des études scientifiques approfondies vous prouveront que tout ce qui est dans la Nature, tout ce que Dieu a créé, est bon et utile pour une raison ou pour une autre.

L'Homme se doit donc de sauvegarder et protéger les écosystèmes, la diversité naturelle, l'environnement...

Le trésor caché dans votre poubelle.

La chaîne alimentaire vous a appris que les déchets alimentaires, les feuilles mortes, le bois mort, les cadavres d'animaux, les excréments sont utiles à d'autres êtres vivants, les décomposeurs, qui s'en nourrissent et les recyclent en matière organique consommée par les producteurs (les végétaux). La terre a grand besoin de ces déchets pour nourrir les végétaux, nos légumes et fruits.

Toutefois, l'Homme produit beaucoup d'autres déchets qui ne rentrent pas dans la chaîne alimentaire. C'est le cas des déchets électroménagers (verres, boîtes de conserve, matières plastiques, fils électriques, caoutchouc, …). Ces ordures sont triées et recyclées pour devenir des matériaux. Ces matériaux entrent dans la fabrication de beaucoup d'autres objets.

« Le recyclage des déchets en verre, tels les bocaux, bouteilles, canettes, pots, donne de nouvelles bouteilles.

Le recyclage des déchets en papier, tels les journaux, magazines et papiers ordinaires, donne du nouveau papier, le papier d'essuyage et le carton d'emballage.

Le recyclage des déchets plastiques, tels les bouteilles d'eau, de jus de fruits, les flacons de produits ménagers, donne naissance aux contreforts de chaussures, fibres textiles, flacons pour produits alimentaires, revêtements de sol, tuyaux.

Le recyclage des déchets en métal, tels les boîtes de boissons en aluminium, boîtes de conserve en acier, emballages métalliques, donne naissance aux emballages métalliques, pièces pour automobiles, tôles. »

Cf. **Recyclage** dans <u>Le Petit LAROUSSE illustré, 2012</u>

Les déchets non recyclés, chauffés dans les foyers fours, servent à produire de l'énergie électrique.

Le gaz carbonique libéré par l'Homme est récupéré par les arbres et les océans qui, à leur tour, nous fournissent de l'oxygène.

Les excréments humains, traités, fournissent de l'aliment aux végétaux, et du biogaz à l'Homme.

Le lotus, cher aux bouddhistes, grandit et fleurit dans un étang boueux : la vase nourrit la fleur qui émerge.

Ce qui est, en apparence, mauvais à l'Homme, est utile à la vie de la Nature et contribue aussi à la vie et au bonheur de l'Homme.

Qu'en est-il de la souffrance humaine ?

Pourquoi l'Homme souffre-t-il ?

Qu'est-ce qui fait souffrir l'Homme ?

La vie est semblable à un jeu de Dames ou d'Echecs. Vous livrez une partie avec un inconnu. Cet inconnu est votre adversaire du jeu. Lorsque votre adversaire marque des points, à cause de votre inadvertance, vous êtes paniqué. Pris de panique, vous concevez des mauvaises pensées, des pensées négatives. Du coup, vous considérez votre adversaire comme votre ennemi, et vous perdez le contrôle du jeu. Vous perdez la tête. Ce qui était un jeu est devenu, pour vous, une lutte, un combat fatal, une question de vie ou de mort. Vous avez diabolisé votre adversaire inconnu. Votre adversaire devient une personne à abattre. Et, puisque vous n'y arrivez pas, vous êtes inquiet, anxieux, frustré, furieux, souffrant, malheureux. Vous criez au secours. Vous avez oublié le rôle et les règles du jeu ; vous avez oublié qui vous êtes et pourquoi vous êtes là…

Les épreuves et l'évolution humaine.

« Tu gagneras ton pain à la sueur de ton front » (Genèse 3 : 19a). Loin d'être une malédiction, le Seigneur indiquait à l'Homme le moyen pour arriver à créer comme Lui : **le travail**. En fait, la Sagesse Divine déclarait, par métaphore, par parabole, que l'Homme acquiert la science et la force à travers les épreuves et la lutte pour la survie.

Les épreuves de la vie ont pour objectif d'épanouir l'Homme physiquement, intellectuellement et spirituellement. Les épreuves sont des occasions pour expérimenter afin de comprendre la vie, découvrir et éclore les facultés ou pouvoirs cachés en soi. C'est la voie qui mène à la connaissance de soi, de l'univers et de Dieu.

L'évolution graduelle des êtres vivants s'explique grâce au jeu d'épreuves. Grâce aux épreuves de la vie, le genre Australopithecus est devenu Homo sapiens (animal intellectuel), en passant par l'Homo habilis, l'Homo erectus, l'Homo neandertalensis : ''Le travail fait l'Homme.''

Il a fallu des milliers d'années d'épreuves et de travail pour que l'Homme sorte de l'ignorance vers la connaissance, et parvienne aux multiples découvertes et à l'amélioration de ses conditions de vie. L'Homme a fait beaucoup de progrès sur le matériel : habitat, vêtements, moyens de transport, télécommunications, appareils électroniques et divers…

Toutefois, malgré ces améliorations significatives, l'Homme n'a pas beaucoup évolué en lui-même. En effet, la barbarie et l'animalité n'ont pas disparu dans le comportement de l'Homme. Au contraire, on assiste à l'augmentation et à la sophistication de la méchanceté, la violence, la cruauté, l'égoïsme, la cupidité, la malhonnêteté… L'Homme crée une société cynique que les animaux n'ont même pas créée.

L'Homme a créé des armes à destruction massive (armes atomiques, nucléaires, chimiques, bactériologiques) afin d'exterminer sa propre race. La guerre est institutionnalisée et légalisée. Les puissances militaires fabriquent et vendent des armes. Lorsque ces mêmes armes sont retournées contre leurs fabricants, ces puissances crient, pleurent, condamnent les criminels, oubliant qu'elles récoltent ce qu'elles ont semé. Il n'y a pas de ressellers sans voleurs !

L'Homme préfère commercialiser des produits toxiques, cancérigènes, nuisibles à la santé humaine, au profit de l'argent. Les industriels fabriquent des pesticides, herbicides, fongicides, insecticides, pour détruire les écosystèmes, et l'Homme en subit les conséquences tout en s'étonnant parfois. L'Homme d'affaires est d'abord préoccupé par son argent : Tant pis pour la vie !

L'Homme crée sa propre souffrance et se plaint, par la suite. Il accuse le diable. **Oui, le diable existe, mais il est bel et bien en l'Homme : Le diable est en chacun et chacune de vous.**

La religion continue de tenir des masses d'hommes et de femmes accroupies ou à genoux sous le joug de l'ignorance et de la superstition.

L'Homme n'a pas beaucoup évolué. Il est resté étranger à lui-même. L'Homme ne se connaît pas encore. Voilà pourquoi il continue à faire des bêtises, et se confronte encore à de nombreuses épreuves pénibles et douloureuses.

L'évolution de l'Homme consiste à se connaître et à réaliser sa propre nature, sa nature divine.

X - LA VICTOIRE SUR LE MAL

La vie est semblable à une école de sport. A cette école :

-l'Homme apprend à donner au corps physique une bonne et belle forme ;

-l'Homme apprend les techniques pour conserver la santé et tonifier le corps ;

-l'Homme apprend à se battre avec les seules armes naturelles (tête, mains, pieds, esprit) qu'il possède à la naissance ;

-l'Homme apprend, à travers un dur et intense entraînement, à discipliner son corps et sa pensée pour en faire des auxiliaires aptes, prompts et forts, et pour arriver à l'harmonie du corps et de l'esprit.

En effet, pureté du cœur et discipline du corps vont de pair, car ce n'est que lorsque le corps et la pensée sont suffisamment forts et aptes pour répondre aux exigences du monde physique que l'Esprit peut les utiliser dans la construction d'un monde meilleur.

Purification de conscience et discipline du corps vont aussi de pair, car ce n'est que lorsque la pensée et le corps sont suffisamment forts et sains pour pouvoir résister aux tentations du monde qui les entoure que l'Homme peut trouver la paix.

Le combat spirituel.

Vous avez besoin de force pour combattre les démons, les défauts, qui sont en vous.

L'Homme est l'univers en miniature. Il est la copie de l'univers. Les démons, tout en étant dans l'univers macrocosme, sont aussi à l'intérieur de l'Homme. **Vouloir combattre les démons à l'extérieur sans les combattre à l'intérieur de soi-même est une illusion.**

La guerre sainte, le Djihad, le combat spirituel, le véritable exorcisme consistent à combattre les démons qui sont dans l'Homme. Ces démons ont pour noms : l'ignorance, la haine, la colère, la vengeance, la méchanceté, la cruauté, la jalousie, la calomnie, l'hypocrisie, le mensonge, la manipulation et l'exploitation des autres, la malice, le complexe, l'orgueil, la mégalomanie, l'arrogance, la cupidité, l'avarice, l'égoïsme, le vol, la fraude, l'escroquerie, la luxure, l'impudicité, l'ennui, la fatalité, le pessimisme, la peur, la paresse, la moquerie, etc. …

« Au cœur du labyrinthe souterrain, le héros grec Thésée combattit et tua le monstrueux Minotaure. Ce mythe symbolise la guerre intérieure que l'Homme doit livrer contre l'Ego bestial, contre les agrégats animaux qui empoisonnent ses profondeurs psychologiques. » (Samaël Aun Weor)

L'archange Mikaël terrassant le diable est une représentation allégorique du combat intérieur contre la pensée négative en soi. Dans ce combat, l'archange porte des éléments symboliques tels que : l'épée qui symbolise la Parole ou la Sagesse Divine ; la balance qui représente la Loi et la Justice Divines…

Voici donc les instructions de la Sagesse pour votre combat :

« Puisez votre force dans l'union avec le Seigneur, dans son immense puissance. Prenez sur vous toutes les armes que Dieu fournit, afin de pouvoir tenir bon contre les ruses du diable. Car vous n'avez pas à lutter contre des êtres humains, mais contre les puissances spirituelles mauvaises du monde céleste, les autorités, les pouvoirs et les maîtres de ce monde obscur. C'est pourquoi, saisissez maintenant toutes les armes de Dieu ! Ainsi, quand viendra le jour mauvais, vous pourrez résister à l'adversaire et, après avoir combattu jusqu'à la fin, vous tiendrez encore fermement votre position.

Tenez-vous donc prêts : ayez la vérité comme ceinture autour de la taille ; portez la droiture comme cuirasse, mettez comme chaussures le zèle à annoncer la Bonne Nouvelle de la paix. Prenez toujours la foi comme bouclier : il vous permettra d'éteindre toutes les flèches enflammées du Mauvais. Acceptez le salut comme casque et la parole de Dieu comme épée donnée par l'Esprit Saint » (Ephésiens 6 :10- 17).

Pour gagner le combat contre les démons intérieurs :

-vous devez, en toutes circonstances, rester parfaitement maître de vous-même, maître de vos pensées, paroles, sentiments, émotions et actes ;

-vous devez purifier votre cœur : avoir une conscience positive, irréprochable, pure et tranquille ;

-vous devez acquérir la connaissance, la science et la force à travers diverses épreuves et expériences de votre vie ;

-vous devez maîtriser les éléments symboliques de l'eau, la terre, le feu et l'air pour vous en servir dans la vie, comme l'Avatar.

L'Alchimie spirituelle.

C'est ici le lieu de pratiquer l'Alchimie spirituelle. Il ne s'agit pas d'éliminer ni de détruire, mais transformer, recycler à l'image de la Nature et sublimer ce qui est négatif en positif, ce qui est vil en précieux.

« En fait, les désirs terrestres sont essentiels en tant que force motrice qui maintient la vie. Sans la faim, par exemple, nous n'éprouverions pas le désir de manger. Sans le désir sexuel, la vie ne pourrait se perpétuer de génération en génération. Nichiren Daishonin enseignait que '' les désirs terrestres sont l'illumination (nirvana)'', un principe selon lequel on peut parvenir à la bouddhéité en transformant les illusions et les désirs terrestres en illumination, au lieu de les supprimer. Le nirvana ne se situe alors nulle part ailleurs qu'en ce monde. Ainsi, les désirs terrestres et l'illumination ne sont-ils pas différents au niveau de leur essence fondamentale.

« L'illumination n'est pas le résultat de l'éradication des désirs, mais un état où tous les aspects de la vie peuvent être expérimentés en libérant les désirs innés de toute influence négative et en les transformant en désirs positifs. De cette façon, par exemple, le pouvoir destructeur de la colère peut être transformé en enthousiasme ou en désir passionné pour la paix et la justice. » (Enseignement du Bouddhisme de Nichiren Daishonin. Cf.www.sokagakkai-france.asso.fr)

''Le meilleur moyen d'éliminer un ennemi est de faire de lui un ami.''

La coutume et la tradition vous ont appris d'aimer votre prochain et de haïr votre ennemi. On vous a dit que l'étranger, une personne n'appartenant pas à votre communauté, n'a pas droit à un traitement digne du prochain. Aujourd'hui, la Sagesse Divine vous dit : aimez vos ennemis ; faites du bien à ceux qui vous haïssent ; bénissez ceux qui vous maudissent ; priez pour ceux qui vous maltraitent ; ne rendez pas le mal pour le mal ; ne vous vengez pas de celui qui vous a fait du mal. Donnez à quiconque vous demande quelque chose ; prêtez aux autres sans rien espérer recevoir en retour. Faites pour les autres exactement ce que vous voulez que les autres fassent pour vous. Ayez le cœur pur, ayez toujours des pensées positives quelles que soient les circonstances. Ainsi vous serez les enfants de Dieu, car Il est bon pour les ingrats et les méchants, Il fait lever son soleil aussi bien sur les méchants que sur les bons ; Il fait pleuvoir sur ceux qui lui sont fidèles comme sur ceux qui ne le sont pas. Soyez pleins de bonté comme votre Père Céleste est plein de bonté (Matthieu 5 : 43- 48 ; Luc 6 : 27- 36).

Il faut vaincre le mal par le bien ; la haine par l'amour.

Le Grand-Œuvre.

Emprisonné par les ténèbres, l'ignorance, la haine, la colère, la jalousie, l'orgueil, la méchanceté, l'hypocrisie, l'égoïsme, la peur, etc., le corps était devenu "le tombeau de l'âme."

Puis vint le Généreux Sage qui donna son corps et son sang afin de libérer les captifs, ressusciter et sortir les morts de leurs tombeaux. Ainsi, le corps, qui jadis était un tombeau, est devenu le Temple de l'Esprit Saint. Les morts qui ont entendu La Voix sont revenus à la vie et sont sortis des tombeaux (Jean 5 : 24- 28).

En effet, vous ne pouvez remporter la victoire sur le mal ou les forces du mal si vous ne mangez le corps du Fils de l'Homme et si vous ne buvez pas son sang (Jean 6 : 50- 63).

Vous devez savoir que même les situations et les personnes désagréables ont été placées là dans votre vie pour un but. Job a été tenté par Satan avec la permission de Dieu (Job 1). Jésus a été tenté par le diable selon le plan de Dieu (Luc 4 :1-13).

L'Homme, sur terre, doit réaliser le Grand-Œuvre. C'est là le but de la vie. Les diverses épreuves ont pour objectif de secouer l'Homme, de le réveiller et de le sortir du sommeil. Il s'agit pour l'Homme de comprendre la vie : se connaître, connaître l'univers et Dieu, et devenir UN avec Dieu. En d'autres termes, vivre en harmonie avec la Nature en l'aimant et en contribuant à sa bonne marche, dans la Pureté du cœur, sans égoïsme ni cupidité.

Le corps que le Christ donne à l'Homme, c'est la Connaissance, la Sagesse Divine ; et son sang c'est l'Amour. Lorsque l'Homme parvient à la Connaissance que le Christ lui révèle, et vit dans l'Amour, il réalise sa véritable nature ; il « reçoit » l'Esprit Saint : il devient un être créé à l'image de Dieu.

Si vous mangez le corps et buvez le sang du Christ, c'est-à-dire si vous faites vôtres la Sagesse et l'Amour Divins, vous avez la victoire sur le mal.

Si vous mettez en pratique les lois et commandements divins, vous avez la victoire sur les forces du mal.

Si vous vibrez sur la même longueur d'ondes que la Parole, l'Esprit Saint « descend » en vous et fait de vous Sa demeure ; vous devenez UN avec l'ÊTRE unique : c'est la Communion.

Vous avez la victoire sur le mal si vous demeurez l'image de Dieu.

Si vous demeurez dans la Sagesse et l'Amour Divins, vous êtes l'image de Dieu et vous avez la victoire sur le mal.

Si vous vivez selon la Sagesse et l'Amour Divins, vous êtes l'image de Dieu et vous avez la victoire sur le mal.

Si vous appliquez la Connaissance et l'Amour Divins dans toute votre vie, vous avez la victoire sur les forces du mal.

L'Intelligence Supérieure Infinie, Dieu, qui créa la vie et l'univers tout entier, n'a pas d'ennemi ni d'adversaire. La vie n'a pas d'ennemi. Dieu est Le Tout-Puissant. C'est grâce à Lui que toutes choses existent. Il préside à toutes les destinées. Il voit tout, connaît tout et peut tout. Dieu est Tout, en tout et partout.

« Heureux ceux qui ont le cœur pur, car ils verront Dieu. »

« En ce jour-là, vous connaîtrez que vous êtes en Moi, et que Je suis en vous. »

CONCLUSION

« Vous êtes des dieux » (Jean 10 :34).

Vous êtes créé à l'image de Dieu.

Vous avez le pouvoir sur votre destin :

Si vous pardonnez, vous serez pardonné ;

Cherchez et vous trouverez.

Vous êtes responsable de votre état de conscience ;

Vous êtes responsable de vos pensées ;

Vous êtes responsable de vos choix et décisions ;

Vous êtes responsable de vos paroles et actes ;

Vous êtes responsable de votre destin ;

Vous récolterez ce que vous semez.

« Vous êtes des dieux. »

Vous êtes créé à l'image de Dieu :

Ne vous plaignez pas ;

Ne vous lamentez pas ;

Ne vous inquiétez de rien ;

N'ayez peur de rien ni de personne ;

Soyez saint, fort, endurant et courageux ;

Gardez toujours le moral haut ;

Ayez toujours des pensées positives quelles que soient les circonstances ;

Ayez le cœur pur, la conscience irréprochable ;

Gérez les richesses de la Nature d'un cœur pur et sans attachement, sans égoïsme et sans cupidité, pour le bonheur de tous.

« Vous êtes des dieux. »

Vous êtes créé à l'image de Dieu :

Soyez saint, fort et puissant comme Dieu.

Vous avez le pouvoir de changer le mal en bien,

Le malheur en bonheur, la souffrance en joie.

Agissez et obtenez ce qui est nécessaire à votre vie

Pour que votre joie soit complète et que

Votre Père Céleste soit glorifié.

La vie est un jeu d'expériences : certaines agréables, d'autres pénibles. Toutes ces expériences deviendront agréables si vous vivez selon la Sagesse et l'Amour Divins, devenant ainsi image de Dieu, copie de Dieu, fils de Dieu, la volonté de Dieu. La pureté du cœur est la clef qui ouvre les portes de la Sagesse et l'Amour Divins. Grâce à elle, vous entrez dans le Royaume des Cieux...

« Heureux ceux qui ont le cœur pur, car ils verront Dieu. »

BIBLIOGRAPHIE

Harold KLEMP, **La Sagesse spirituelle : Prière, Méditation et Contemplation.** 2013 ECKANKAR

ELIPHAS Lévi, **Dogme et Rituel de Haute Magie.**

S. HAMSAH MANNARAH (S. M. HAMSANANDA**), La Loi d'évolution des âmes.** De l'esclavage à la vraie Libération. 1992 ; 507 pages.

Dr Jean-Pierre WILLEM**, STRESS, DEPRESSION & TROUBLES DU COMPORTEMENT.** Une nouvelle approche sans produits chimiques. Guy Trédaniel éditeur, 2013 ; 352 pages.

Terry Looker et Olga Gregson, **Gérer son Stress.** Apprendre à gérer son stress dans un contexte professionnel ou privé ! Larousse poche 2009 ; 212 pages.

Jean-Michel THURIN et Nicole BAUMANN, **STRESS, PATHOLOGIES ET IMMUNITE.** Médecine-Sciences Flammarion. Editions Lavoisier, 2003. 288 pages.

A. C. Bhaktivedanta Swami Prabhupada, **Le SRIMAD BHAGAVATAM.** Septième chant '' La Science de Dieu''. Editions Bhaktivedanta. Paris 1985 ; 898 pages.

SAMAËL AUN Weor, **La Transformation radicale.** Le Mouvement Gnostique International, 2010 ; 206 pages.

Paul TWITCHELL, **La Flûte de Dieu.** 1975 ECKANKAR. 239 pages.

LA BIBLE. Ancien et Nouveau Testament avec les livres deutérocanoniques. Traduite de l'hébreu et du grec en français courant. ALLIANCE BIBLIQUE UNIVERSELLE. Société biblique française, 1997 ; 394 pages.

Hector DURVILLE, **Le Magnétisme Personnel ou psychique,** Edition Pertuis.

Printed by Books on Demand GmbH, Norderstedt / Germany